RICARDO CORAZÓN DE LEÓN

RICARDO CORAZÓN DE LEÓN

Por Rafael Rutiaga

Grupo Editorial Tomo, S. A. de C. V.
Nicolás San Juan 1043
03100 México, D. F.

1a. edición, noviembre 2004.

Nicolás San Juan 1043, Col. Del Valle
03100 México, D.F.
Tels. 5575-6615, 5575-8701 y 5575-0186
Fax. 5575-6695
http://www.grupotomo.com.mx
ISBN: 970-775-059-6
Miembro de la Cámara Nacional
de la Industria Editorial No 2961

Proyecto: Rafael Rutiaga
Diseño de Portada: Trilce Romero
Formación Tipográfica: Rafael Rutiaga
Supervisor de producción: Leonardo Figueroa

Impreso en México - *Printed in Mexico*

CONTENIDO

Prólogo

Uno de los más famosos reyes de Inglaterra, sin lugar a dudas, ha sido Ricardo Corazón de León, cuya vida fascinante lo coloca entre la historia y la leyenda. Esta fama comienza desde su juventud, propiciada por su gran habilidad guerrera y su indiscutible valor, lo cual era respaldado por los firmes ideales de la Orden de Caballería, y después aumenta por su participación en las Cruzadas y por su buena forma de gobierno.

Así como El Cid es uno de los personajes más representativos de la Edad Media, el rey Ricardo I de Inglaterra lo es de la época de las Cruzadas, en las que intervino de manera significativa y gracias a las cuales fue llamado Corazón de León, pues dicen que era tal su fuerza y destreza en las batallas, que los infieles sentían temor al escuchar su nombre, y más aún al verlo frente a ellos.

Por otra parte, el rey Ricardo Corazón de León ha pasado a la historia como un hombre de voluntad férrea y nobles sentimientos. Se sabe que en su afán por participar en la lucha de liberación de los santos lugares, llegó a vender sus joyas y propiedades para organizar la campaña.

A pesar de que estuvo fuera de Inglaterra bastante tiempo, fue considerado un buen rey. El pueblo lo quería y admiraba, lo consideraba un héroe y lo rodeaba de un halo de leyenda.

Hoy en día, cuando escuchamos el nombre de Ricardo Corazón de León, no pensamos en un rey sentado en su trono, sino que de inmediato nos imaginamos la figura de un imponente caballero, cubierto con una reluciente armadura y montado en un magnífico corcel; un personaje capaz de alimentar muchas fantasías juveniles; un ser humano casi increíble, poseedor de grandes ideas y loables atributos, como lo son: la audacia, el valor, el alto sentido del deber, la lealtad, la fortaleza física, el honor, el sentimiento de justicia, etc.

Resulta evidente que la vida de Ricardo Corazón de León estuvo marcada, desde la infancia hasta su muerte, por un incontenible ardor guerrero, y fue por esto que se convirtió en el estereotipo del caballero cristiano, y posteriormente en un personaje legendario inigualable.

Rafael Rutiaga

Capítulo 1

Nace otro príncipe de Inglaterra

Ricardo "Corazón de León" nació una tibia mañana del día 8 de septiembre de 1157, en la hermosa ciudad de Oxford, Inglaterra. Su padre, el rey Enrique II, era el más poderoso de Europa, le pertenecía hasta la tercera parte de Francia, pues al casarse con la reina Leonor de Aquitania, ésta llevó como dote al matrimonio el ducado de Guyena y el condado de Poitou.

Ricardo fue el tercer varón de la familia, y aunque decían que era más fuerte y robusto que sus hermanos, el pueblo nunca consideró la posibilidad de que llegara a ser rey, ya que primero estaban sus dos hermanos mayores.

Unos meses después del nacimiento de Ricardo, en el gran salón del castillo, sus moradores estaban celebrando la velada en torno a las dos enormes chimeneas, repletas de gruesos leños de encina. La noche era fría y después del toque de queda, todo el mundo, terminada la cena, se había ido congregando en la sala para pasar un rato de sano y alegre esparcimiento. Aquella noche había un trovador y todo hacía presumir que la velada sería divertida.

La reina doña Leonor ocupó su lugar acostumbrado, y varias damas la rodeaban mientras trabajaban activamente dando vueltas a las ruecas. Delante de la reina había una cuna movible, de nogal tallado, en la que estaba el príncipe Ricardo.

Los escuderos, servidores y monteros, que se calentaban en la chimenea opuesta, tan pronto como vieron al trovador ocupar el estrado y ofrecer sus respetos a la reina, dejaron sus asientos para formar estrecho corro cerca del juglar.

Fueron muy agradables sus trovas y las damas quedaron complacidas de la voz, la música y los versos del trovador. Pero a la reina le interesaban poco las endechas, y en cambio quería saber las noticias de la política y la guerra.

En cuanto el músico dejó de tocar su laúd, la reina le preguntó con impaciencia:

—¿Qué noticias tienes del rey, mi esposo?

—Cuando yo partí de tierras francesas —contestó el juglar—, quedó allí sometiendo a los insurrectos.

—Y el rey Luis VII, ¿se muestra pacífico? —preguntó el fraile.

La reina, al oír esta pregunta, no pudo evitar un ligero estremecimiento que pasó inadvertido para todos los presentes.

—A la fuerza —contestó el mancebo—. Es mucho el poder de nuestro rey, y el monarca francés sólo busca su amistad.

—¿Van muy elegantes las damas en Francia? —preguntó interesada una linda doncella.

El juglar sonrió comprensivo y, a la vez que hacía un gesto significativo, respondió:

—Mucho, pero no son tan hermosas como las de aquí.

En ese momento el príncipe Ricardo se revolvió inquieto en la cuna y el aya Calixta acudió solícita. La reina se levantó y tomando a su hijo en brazos, después de despedirse de todos, echó a andar camino a sus habitaciones, escoltada por sus damas.

*

Al nacer Ricardo existían muy pocas probabilidades de que llegara a suceder a su padre. El rey Enrique lo había destinado desde su nacimiento, como instrumento de su ambiciosa política, a una alianza en los dominios continentales. Cuando el príncipe Ricardo tenía dos años, lo comprometió formalmente en matrimonio con la hija de Ramón Berenguer IV y de Petronila, soberanos de Cataluña. Es posible que Enrique II pretendiera extender un día sus dominios hasta las tierras españolas.

Este compromiso fue olvidado después por el monarca inglés, y calculando más beneficiosa para sus intereses una alianza con Francia, concertó con el rey Luis VII la boda de la princesa Alicia, hija de éste, con Ricardo, que tenía tres años de edad.

Ricardo se criaba robusto y manifestaba un carácter impulsivo y valeroso. Se hallaba bajo el cuidado amoroso de su madre y del aya, quienes le proporcionaban junto con otras sencillas enseñanzas, los primeros conocimientos de religión y de comportamiento en sociedad.

Era costumbre de la época que los hijos de reyes y nobles, tan pronto como cumplían siete años, fueran confiados a profesores experimentados que los preparaban para una vida de fatigas, peligros y aventuras, de acuerdo con la educación caballeresca de aquellos tiempos. Como pajes o "niños de honor" eran enviados a otras cortes, a las mansiones de caballeros de renombre, para que aprendieran la ruda profesión de las armas y también todo lo referente a la conducta, la religión y el honor.

Por eso la reina Leonor, que sabía que no tendría a su hijo mucho tiempo junto a ella, se esmeraba por enseñar a Ricardo todos los conocimientos que sólo una madre puede enseñar a su hijo en la infancia.

Pero el niño, tan pronto como podía escabullirse del lado de su madre o del aya, corría junto a los soldados y servidores del castillo y se pasaba las horas jugando con las armas de éstos o bien montando a caballo sobre los briosos corceles de guerra. Cuando todas las damas salían a buscarlo, siempre lo hallaban entretenido tirando al blanco con las pesadas ballestas o cabalgando, acompañado de algún servidor de confianza, por las cercanías del castillo.

Los soldados le habían fabricado un pequeño arco, con el que aprendió a tirar. Y del cinturón que ceñía su jubón de seda, pendía un afilado puñal, que llevaba enfundado en repujada vaina de cuero.

Su madre lo reprendía por jugar con las armas, pero Ricardo le respondía que él quería ser un gran guerrero, y decía:

—Iré a las Cruzadas y en Tierra Santa no dejaré un solo infiel.

*

Un día, Ricardo llegó al patio de armas del castillo y le pidió a uno de los monteros que lo acompañara a dar un paseo a caballo. El servidor no quería, temeroso de que la reina lo reprendiera, pero tanto insistió el príncipe, y con tanta autoridad se lo pidió, que el viejo montero preparó los caballos y lo acompañó al bosque cercano.

Ricardo llevaba el pequeño arco y algunas flechas, y de su cinto colgaba el afilado puñal. Acababa de cumplir los seis años pero era tan alto y robusto, que nadie le hubiera calculado la edad que tenía.

El príncipe se adelantó sin que el viejo montero consiguiera darle alcance por mucho que espoleaba a su caballo. De pronto, de la espesura del bosque surgió un enorme jabalí que, al ver a los jinetes, huyó a refugiarse entre la maleza. Ricardo, sin asustarse lo más mínimo, picó espuelas a su caballo y persiguió a la fiera mientras preparaba su arco, con intención de dispararle tan pronto lo tuviera a tiro.

El montero, quien con las prisas había salido del castillo sin armas, presintiendo el peligro que corría el príncipe, le gritaba angustiado que se detuviera y dejara en paz al jabalí. Pero Ricardo, bastante distanciado y enardecido por la caza que se le presentaba, proseguía su persecución como ausente de todo cuanto le rodeaba.

En aquel momento el jabalí atravesó un claro del bosque y el muchacho, sin cesar en su galope, apuntó y disparó una flecha que fue a clavarse en un costado de la fiera. Al sentirse herido, el jabalí se revolvió furioso y se dispuso a hacer frente a su atacante. Pero Ricardo ya había saltado del caballo y, desenvainando su puñal, avanzaba cauteloso hacia el animal, que enseñando sus afilados colmillos gruñía amenazador. No tardó en abalanzarse sobre el muchacho, pero éste, esquivando la feroz acometida, le clavó el puñal hasta el mango y luego, sin dejar que la fiera pudiera herirlo con sus terribles colmillos, siguió luchando con ella hasta verla agonizante a sus pies.

Todo había sido tan rápido que cuando llegó el viejo montero, desencajado y jadeante, el jabalí yacía muerto junto a Ricardo, que con unas hierbas limpiaba tranquilo la ensangrentada hoja de su puñal.

Minutos más tarde, después de recoger el jabalí muerto y colocarlo cruzado sobre el caballo, los dos jinetes emprendieron el regreso al castillo cuando ya el sol se ocultaba tras las colinas.

*

Cuando el rey Enrique regresó de Francia, el castillo se llenó de soldados y de alegría. El joven Ricardo se pasaba el día entero en el patio de armas, conversando con aquellos hombres que le contaban espeluznantes historias y tremendas batallas. Al oír aquellos relatos, los ojos del niño brillaban intensamente, y con los puños cerrados y el gesto contraído daba la impresión de estar viviendo aquellos espantosos combates.

Con la curiosidad propia de los niños, Ricardo interrumpía a cada momento la conversación para hacer las más extrañas preguntas, que los soldados contestaban riendo, complacidos del interés del muchacho. Sólo cuando el aya, después de muchos ruegos, lograba arrancarlo de la compañía de los hombres de armas, Ricardo regresaba al lado de su madre, quien al verlo lo reprendía cariñosamente por su ausencia.

En una de estas ocasiones el niño preguntó de pronto:

—¿Por qué nos llaman Plantagenet, madre?

—¿A quién has oído decir eso? —inquirió su madre.

—A los soldados —respondió el muchacho—. Siempre llaman a mi padre Enrique Plantagenet.

La reina doña Leonor atrajo a su hijo hacia sí y luego de una caricia, le dijo:

—Tu abuelo Godofredo tenía la costumbre de adornar su gorro con una rama de "genet" (retama), y por eso todos le llamaban Plantagenet. Pero luego este sobrenombre lo heredó también tu padre, el rey Enrique.

—A mí, en vez de Plantagenet —dijo el muchacho—, me gustaría que me dieran otro sobrenombre después de Ricardo.

El rey don Enrique penetró entonces en la habitación y al ver a su hijo, sin poder contener su satisfacción, tras estrecharlo entre sus fuertes brazos, le dijo:

—Ricardo, pronto vas a cumplir siete años, y le prometí al rey Luis VII de Francia que al tener esa edad te enviaría como paje a su corte.

—¡Qué alegría, padre! —exclamó el niño.

—Ahí —siguió diciendo el rey— podrás obtener una excelente enseñanza militar y aprender además otros conocimientos que ningún caballero debe ignorar.

—¡Pero si Ricardo es muy joven...! —se atrevió a decir la reina.

—Es la edad en que todos los niños entran de pajes —le cortó su esposo—. Además, Ricardo es tan alto que aparenta más edad de la que tiene.

*

Poco después el rey abandonó la estancia, y la reina, apretando a su hijo fuertemente contra su pecho, rompió a llorar desconsolada al ver que dentro de poco se iría de su lado aquel ser tan querido.

Las damas que la acompañaban trataron de consolarla y hasta el muchacho, impresionado por las lágrimas de su madre, le dijo con acento decidido:

—No llores, que yo nunca te olvidaré y vendré en tu ayuda, si me necesitas.

Después, dando un beso a su entristecida madre, Ricardo salió corriendo en dirección al patio del castillo en busca de la compañía de los soldados, para escuchar nuevas historias.

Era un muchachito inquieto, ávido de escuchar hazañas y hechos de guerra. Pero, al mismo tiempo, su inteligencia y buen corazón le hacían comprender el dolor de los demás.

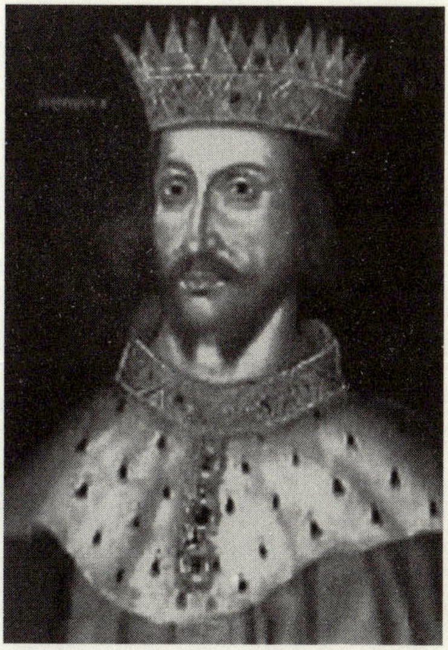

Retrato de Enrique II.

Capítulo 2

La preparación del príncipe Ricardo

En Europa, antes de las Cruzadas, el pueblo vivía esclavizado por el señor feudal respectivo, quien abusaba de su situación para agobiar a los siervos a fuerza de contribuciones y malos tratos.

Las Cruzadas contribuyeron a la unidad de Europa; dieron a los siervos mayores libertades; limitaron los derechos de los señores feudales; se establecieron relaciones de compañerismo, afecto y gratitud entre poderosos y humildes; se aprendió y perfeccionó el arte de la guerra; y además de descubrirse nuevos horizontes, se impulsó enormemente el desarrollo del comercio.

Mientras se mejoraba el nivel de la vida europea, floreció y se estableció por toda Europa la institución de la Caballería que era "una asociación fraternal, o un compromiso entusiasta entre personas de corazón y valor, dotadas de abnegación y delicadeza", y siempre dispuestas a afrontar el peligro bajo el lema: "Honor a Dios y a la dama".

Desde la infancia, gracias a una educación especial, se recibía a los jóvenes en la institución, que los aceptaba primero como "pajes", luego como "escuderos" y después como "donceles". El aprendiz estaba obligado a respetar y obedecer a los señores, y a servirles como acompañamiento en su cortejo. También corría a cargo de los pajes desempeñar las más humildes faenas domésticas, cosa que aun los más celosos de su cuna y nombre no consideraban humillante, por entender que era un acto de servicio y respeto a los caballeros, de cuya dignidad aprendían el arte caballeresco. Esta educación era igual para los hijos de príncipes o nobles que para otros de rango inferior.

El paje trataba de imitar todo lo que veía hacer a los caballeros, desde manejar la lanza y la espada hasta simular con sus compañeros combates, ataques y desafíos. En sus ansias de emulación, el paje cifraba sus esperanzas de ser puesto al servicio de algún caballero importante y merecer a su lado el honor de ser considerado como un valiente.

Cuando el paje llegaba a la categoría de escudero, en una ceremonia particular se realizaba la santificación de las armas. El joven novicio, ante un altar y de manos de un sacerdote, recibía la espada bendecida, y prometía no usarla más que en bien de la religión y del honor. Los caballeros y damas que lo apadrinaban prometían lealtad en su nombre, y tras esto le calzaban las espuelas, quedando desde este momento obligado a más altas funciones.

De acuerdo a las aptitudes y conocimientos del escudero, que debía tener un celo y diligencia a toda prueba, éste pasaba a desempeñar el oficio de "escudero de honor" o acompañante, o bien el de "escudero de cámara" o chambelán, o "escudero trinchante", "escudero de cuadra", etcétera.

Todos los escuderos se disputaban el honor de servir al caballero cuando montaba a caballo, bien sujetándole el estribo, dándole las piezas de la armadura o alargándole la lanza y el escudo. En los duelos asistían entusiasmados, detrás de su señor, al desarrollo del combate. Sólo después de ser vencido uno de los dos caballeros —y tras una orden de su señor— podían acudir los escuderos para auxiliarlo, sin que en ningún momento dejaran traslucir su enojo ante la derrota sufrida.

Para obtener el grado de "caballero" era indispensable el ejercicio de la llamada "caballería andante", sin la cual ni su aprendizaje ni su vocación guerrera le servían para nada. Con un anillo o un lazo colgando del brazo o de la pierna, el escudero aspirante a caballero salía en busca de aventuras, recorriendo lejanos países y asistiendo —aunque sin tomar parte en ellos— a los torneos caballerescos. El anillo o lazo era el distintivo conocido con el nombre de "empresa", y significaba que el aspirante a caballero había hecho voto de llevar a cabo alguna hazaña notable antes de recibir la Orden de Caballería. Observando siempre las estrictas leyes del honor y la virtud, marchaba por los caminos haciendo el bien, constituyéndose en el defensor del desvalido, y gentil y rendido ante las damas, buscando sólo probar que era digno de estar entre los caballeros, cuyas hazañas cantaban los trovadores.

Andaban con el escudo velado, para no dejar ver su blasón hasta que las lanzas de sus contrarios lograran desgarrar el velo que lo cubría. Siempre eran bien recibidos en las cortes de los príncipes o en los castillos de los señores, donde se conservaban las tradiciones de la Caballería. Unas veces teñían su espada con sangre de infieles; otras medían su valor con algún caballero famoso; pero siempre mostraban su arrojo y bravura poniendo constantemente su vida en peligro. Por merecer una mirada o una sonrisa de la dama de sus pensamientos, eran capaces de correr las más locas aventuras y de exponerse a los mayores riesgos, que luego eran comentados entre alabanzas en las "cortes de amor" que se celebraban en los castillos. Y cuando se hacían acreedores a ser armados caballeros, se procedía con gran ceremonia para concederles tal investidura.

*

Cuando el pequeño Ricardo cumplió siete años, su padre lo envió a la corte del rey Luis VII de Francia. El príncipe marchaba alegre, como si la vida que le aguardaba fuera lo que más anhelara. Montado en un noble corcel y acompañado de unos fieles servidores, cruzó el foso del castillo y cantando se perdió a lo lejos. Ricardo sintió siempre una gran afición por la música y la poesía, y se sabe que estas artes fueron su mayor distracción y le sirvieron de consuelo en las horas amargas de cautiverio.

El príncipe Ricardo era de complexión robusta y atlética, y de gallarda apostura; tenía el cabello rubio y los ojos azules; su rostro era hermoso y varonil. Poseía un carácter impulsivo e imperioso, decidido y valiente hasta la temeridad. El arrojo y la firmeza, por lo que se le ha comparado con el león, fueron las cualidades que ya lo distinguían desde la infancia, y toda su vida conservó el valor y la energía que le dio tanta fama entre los caballeros de la época.

En todos los ejercicios de caballería en los que intervenía como paje, destacaba siempre de manera extraordinaria el joven Ricardo, llegando a obtener tal grado de destreza en la lucha, que ni los más expertos lograban vencerlo. Esto le hizo merecedor a un renombre fabuloso, tanto entre los caballeros como entre la gente del pueblo, considerándolo como héroe antes de haber intervenido en algún combate.

Ricardo ya no era el adolescente de la melenita rubia y los ojos ingenuos, sino el mozo fuerte, en pleno desarrollo de una virilidad extraordinaria, lograda por la vida al aire libre y el constante ejercicio de las armas. De acuerdo a la moda de la época, llevaba el cabello cortado a la romana, y el rostro, juvenil todavía, curtido como el de un guerrero que hubiera pasado varios años luchando contra los infieles. Vestía con el lujo sobrio que conviene a un caballero, pero en su atavío se advertía una elegancia depurada y personalísima que, con la armonía de sus ágiles movimientos y la gentileza de sus modales, proclamaban claramente su condición de príncipe.

En la persona de Ricardo se reunía al caballero cortesano, diplomático, ingenioso y sutil, y al soldado infatigable y sobrio, sin llegar nunca al libertinaje, corriente entre otros caballeros, ni tampoco a la brutalidad de muchos guerreros de su tiempo.

Como su esbelta y recia figura le hacía aparentar más edad de la que tenía, y su destreza en las armas era tan extraordinaria, pronto pasó de paje a escudero, y con un lazo de seda anudado al brazo, asistía a los torneos que se celebraban en la corte, esperando impaciente el momento de ser armado caballero.

Durante su primera estancia en la corte francesa, Ricardo trabó muy buena amistad con Felipe Augusto, hijo y heredero del rey de Francia. Este joven príncipe admiraba la gallardía y el valor del joven inglés, y se sentía orgulloso de que fuera el prometido de su hermana Alicia.

También el rey Luis VII dedicaba a Ricardo especiales deferencias, y a fin de que su hija pudiera conocer las costumbres y la lengua del pueblo de su futuro marido, no dudó en enviarla a la corte inglesa para que se educara en el castillo del rey Enrique II. Esto era muy común en aquellos tiempos, y por eso también los reyes de Cataluña, Ramón y Petronila, mandaron a su hija Berenguela a la corte francesa, para que recibiera una refinada educación.

Ricardo dedicaba las horas libres a la música y a la poesía, que eran sus otras aficiones preferidas. El paje y trovador Blondes de Nesle, a quien estimaba mucho, lo acompañaba en estos esparcimientos, y juntos habían compuesto una canción, que entonaban a menudo acompañados por la mandolina que Blondel tañía magistralmente. Por temor de que pudieran tacharle su afición a la música como debilidad, Ricardo buscaba siempre algún lugar solitario en donde pudieran cantar a sus anchas sin miedo a ser oídos por algún indiscreto. La canción que habían compuesto era sólo conocida por ellos, y su secreto quedó celosamente guardado. Y este secreto tuvo, tiempo después, gran importancia.

Por aquellos días Ricardo ya estaba impaciente por pertenecer a la Orden de Caballeros, así que decidió solicitar del rey de Francia semejante honor. El rey trató de convencer a Ricardo de que debía esperar algún tiempo, pues era muy joven todavía, pero el príncipe le dijo:

—No creo que la edad sea obstáculo cuando se tiene el brazo fuerte y el ánimo valeroso.

Entonces, ante la tenacidad y vehemencia de Ricardo, el rey le contestó:

—Si ese es tu deseo, prepárate y en la próxima fiesta te armaré caballero.

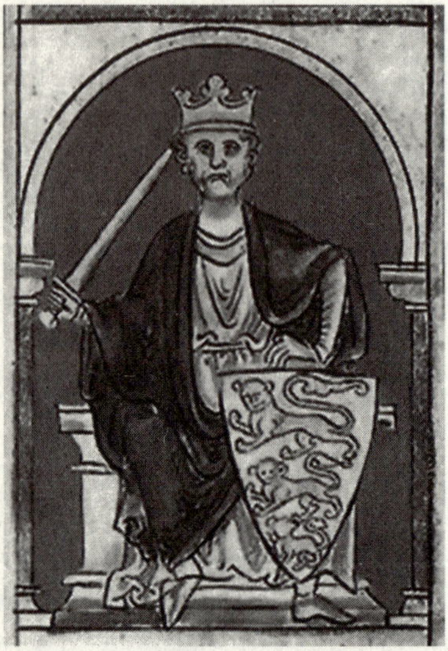

Representación en miniatura
del príncipe Ricardo.

Capítulo 3

Surge un nuevo caballero

En el poema *"Ordene de Chevalerie"* de Hugo de Tabarie, se mencionan las fórmulas de la investidura por las que pasó Ricardo para ser armado caballero. Aunque cada corte tenía su propia ceremonia, en el fondo las fórmulas eran iguales para todos los que eran armados caballeros.

Atendido por los caballeros más veteranos y asistido por escuderos y otros servidores, Ricardo se bañó y luego le peinaron cuidadosamente los cabellos. Enseguida lo metieron en un sencillo lecho "emblema del descanso que Dios concede a sus amigos los bravos caballeros". Hecho esto, lo fueron vistiendo de pies a cabeza, diciéndole mientras le ponían las distintas prendas:

"Esta camisa de lino, blanca como la nieve, con la que te visto y toca tu piel, te da a entender que has de guardar tu carne limpia de toda suciedad, si quieres llegar al Cielo.

"Esta túnica encarnada indica que has de derramar tu sangre por Dios y por la defensa de la Iglesia. Este calzado de seda parda te recordará, con su oscuro color, el de la tierra adonde has de regresar.

"Este blanco cinto con el que rodeo tus riñones, te obligará a conservar la pureza de tu cuerpo y la virtud de tu alma.

"Ahora te entrego la espada; hiere a tus enemigos con sus dos filos; impide que los pobres sean pisoteados por los ricos, y los débiles por los fuertes".

Después, Ricardo pasó por un riguroso ayuno, tras el cual veló las armas, haciendo oración en una capilla solitaria.

El día de la ceremonia, Ricardo oyó misa, y luego, con la espada colgada al cuello, pues aún no tenía derecho a ceñirla en la cintura, entró al salón donde iba a ser armado caballero. La enorme estancia estaba repleta de damas y caballeros deseosos de presenciar tan maravilloso espectáculo. El rey, asistido por sus chambelanes y escuderos, dio comienzo a la solemne celebración.

Ante la admiración de todos, Ricardo avanzó hasta donde se hallaba el soberano y se postró a sus pies. Luis VII lo levantó cariñosamente y luego, en sucesivas órdenes, personajes notables y bellas damas le fueron colocando la cota de malla, la lóriga, los guanteletes y las espuelas de oro —signo y distintivo de su nueva dignidad—. Después el rey golpeó tres veces con su espada en el hombro de Ricardo, diciéndole:

—En nombre de Dios, de San Jorge y de San Miguel, te hago caballero. Sé bravo y leal.

Luego el monarca le ciñó personalmente la espada y le hizo jurar que utilizaría las armas en defensa de los débiles y de los oprimidos.

—¡Sí, lo juro! —contestó Ricardo, con la voz ronca por la emoción.

Por último le entregaron el yelmo, el escudo y la lanza, tras lo cual el rey lo abrazó y lo mismo hicieron los caballeros presentes en la ceremonia.

Al salir Ricardo de la estancia en la que acababa de ser armado caballero, se dirigió, acompañado de Felipe Augusto y otros amigos, a donde un paje lo esperaba con el caballo, y luego de despedirse de todos, montó sobre el brioso corcel y salió galopando para comenzar su vida de gloria, que había anhelado desde muchos años antes.

*

En el siglo XI y siguientes, el lenguaje heráldico adquirió una forma hasta entonces desconocida. La primera de las señales exteriores, que en todo tiempo y lugar ha distinguido a la nobleza, es el blasón. Las armas y escudos indicaban el origen, la identidad y las tradiciones de las familias nobles.

En las armas se consideran dos partes: el fondo, que se llama campo o escudo; y las figuras, que están pintadas o grabadas, y que se llaman "signos". El escudo está cubierto de uno de los cuatro colores siguientes: rojo, azul, verde o negro. También suele llevar uno de los dos metales: oro o plata; o uno de los dos forros: arminio y veros. Para los signos se usa, además, el color natural, es decir, el color carne.

Los caballeros llevaban su blasón como ahora llevamos una identificación, ya que les servía para dar a conocer su verdadera personalidad, su origen, y hasta los hechos más sobresalientes de su vida.

Muchas veces los escudos de armas se derivaban de particularidades personales, como en el caso de Ricardo de Inglaterra, que tenía por armas un león de oro en campo rojo.

La divisa era una especie de insignia, en virtud de la cual los personajes de cierta importancia por su nacimiento, por su riqueza, por su poder, por su valor, o por su mérito literario, tenían costumbre de distinguirse de los demás o de expresar ciertos deseos. Esta divisa se compone del asunto o cuerpo y de la frase o alma. El asunto es la figura de una cosa cualquiera natural o artificial a que se puede enlazar una idea; la frase es como una declaración, la confirmación, el desarrollo del asunto. Los caballeros se adornaban con aquellas divisas, llevándolas bordadas de plata o de hojuela de oro en los vestidos, en el pecho y en la espalda.

Ricardo de Inglaterra llevaba como divisa la frase "Dios y mi derecho", y su grito de guerra era "¡San Jorge por Inglaterra!"

*

En cuanto Ricardo fue armado caballero se lanzó a cumplir una de las normas fundamentales de la Caballería Andante: defender en todo momento a las damas y a los débiles.

Pronto se presentó la ocasión de hacer honor a su nueva investidura. A la salida de un pequeño bosque de encinas le pareció oír gritos de socorro. Picando espuelas, dirigió a su caballo en la dirección que se oían las voces y no tardó en llegar ante un grupo de personas de ambos sexos. Cuando se hallaba a unos pasos, le salió al encuentro un individuo de estatura gigantesca cubierto con una cota de malla amarilla. El yelmo abierto dejaba ver un rostro de facciones nobles, pero duras. Una profunda cicatriz, fruto seguramente de algún tajo, le cruzaba la mejilla derecha.

Encaminándose hacia Ricardo, le preguntó de mal talante:

—¡Dígame quién es usted y a qué ha venido!

—Escuché gritos de mujer —replicó Ricardo— y acudí presto, por si fuera necesaria mi ayuda.

Cerca de ellos se veía un numeroso grupo de servidores del caballero de la cota amarilla, custodiando a una dama de extraordinaria hermosura. Las dos doncellas que la acompañaban reflejaban en su rostro más temor y sobresalto que ella misma.

El caballero de la cicatriz, soltando una sonora carcajada, le contestó señalando a la dama:

—Pues sí, acabo de capturar a esta linda joven cuando viajaba acompañada de sus servidores.

—¿Y por qué razón y con qué derecho la ha capturado? —preguntó Ricardo.

—No necesito razón ni derecho para hacerlo —contestó el gigante, sonriendo burlonamente—. La razón está en que mi brazo es el más fuerte y mi derecho en que soy superior a los demás.

Ricardo comprendió que había llegado el momento de luchar por una dama que necesitaba ayuda, aunque no sabía quién era, ni jamás había visto su lindo rostro. Por ello, con tono enérgico dijo, señalando al mismo tiempo a la hermosa cautiva:

—¡Exijo que la deje en libertad de inmediato!

El caballero de la cicatriz soltó una carcajada al oír estas palabras. Su enorme figura se estremecía por la risa y ya más sereno, repuso:

—¿Quiere libertarla? ¡Eso es fácil! Pero para ello tendrá que matarme, porque no tengo el deseo de complacerlo.

—En ese caso será un gran placer matarlo —contestó Ricardo, sintiendo que le hervía la sangre.

El príncipe se dio cuenta de la enorme estatura del caballero de la cicatriz, pero confiaba en su valor y destreza, y sobre todo le infundía ánimo el ineludible deber de luchar por la libertad de una hermosa dama.

Ricardo se sintió impulsado por una fuerza desconocida, que nunca había experimentado. Mas para poder cumplir con las normas establecidas en la caballería andante, era necesario que antes de combatir, lo aceptara como campeón la dama que se proponía libertar. Por ello advirtió a su contrincante:

—Necesito que la dama me admita como su protector.

—Por mí no hay inconveniente —dijo el caballero, señalando con un ademán hacia el grupo.

Ricardo desmontó y con paso firme se aproximó a la joven custodiada por los criados del caballero de la cicatriz. Quedó inmóvil de admiración al contemplar a la mujer más hermosa que sus ojos vieran jamás. El rostro de la dama estaba cubierto por una intensa palidez. Sus ojos en cambio brillaban con extraño fuego como si con ellos quisiera traspasar la celada que cubría la faz de Ricardo. Al cabo de unos segundos dijo dulcemente la dama:

—¿Por qué arriesga su vida a cambio de conseguir mi libertad?

Ricardo sintió que el corazón le latía con fuerza y casi con un susurro, respondió:

—En primer lugar porque me obliga mi condición de caballero, y luego, porque aun cuando no sé quién es usted, jamás he visto nada que pueda compararse con su hermosura.

El rubor tiñó las mejillas de la joven y una encantadora sonrisa entreabrió su linda boca.

—¡Gracias, noble caballero! ¡Lo acepto encantada, como mi noble defensor y campeón!

Como confirmación de sus palabras, la bella joven sacó un pañuelo de seda bordado con hilo de oro y al tiempo que lo ataba al brazo de Ricardo, continuó diciendo:

—¡Quiera Dios proteger su suerte y la mía!

Ricardo, a la vez que clavaba sus ardientes ojos en el rostro de la dama, besó el pañuelo y dijo:

—Confíe en mí, noble señora, que Dios guiará mi brazo para librarla de su opresor.

Y después de hacer una leve inclinación, se dirigió hacia el caballero de la cicatriz para iniciar el combate.

Los contendientes comenzaron a acometerse ferozmente con las espadas. El gigante de la cicatriz, dotado de una gran fuerza, descargaba terribles mandobles que sólo la destreza de Ricardo podía evitar que le alcanzaran de lleno. El caballero de la cicatriz se impacientó al ver la tenaz resistencia de su contrincante, y deseando acabar de una vez con él, se lanzó a fondo descargando un fuerte golpe. Ricardo esquivó el ataque, haciéndose a un lado ágilmente, y aprovechando el movimiento, descargó con todas sus fuerzas la enorme espada sobre la cabeza de su contrincante, quien con el yelmo abollado en fea forma cayó a tierra pesadamente. Ricardo se arrojó sobre él y apoyando la punta de su espada sobre el cuello, le ordenó:

—¡Ríndase si no quiere que lo mate!

Con voz jadeante, el caballero de la cicatriz contestó:

—Me rindo porque me ha vencido noblemente.

—Puede levantarse —le dijo Ricardo, haciéndose a un lado, pero con la espada preparada.

No sin grandes trabajos el vencido caballero pudo ponerse en pie y con un dejo de tristeza, exclamó:

—Le agradezco que me haya perdonado la vida y no me siento avergonzado por mi derrota, porque hasta hoy no encontré ningún adversario que mostrara su valor ni destreza. Lo felicito y al mismo tiempo le manifiesto que estoy a su disposición.

—En ese caso —dijo Ricardo— le pido que me corresponda con un favor.

—Puede pedirme lo que quiera, ya que mi persona le pertenece —replicó con sinceridad el vencido caballero.

—Entonces pondrá inmediatamente en libertad a esa dama y a cuantas personas le acompañaban —ordenó Ricardo—. ¿Puedo contar con su palabra de caballero?

—Si ese es su deseo, desde este momento quedan libres —contestó el gigante.

Mientras tanto, la dama, seguida de sus doncellas, se aproximó hacia donde se hallaban hablando los dos caballeros y tendiendo su blanca mano a Ricardo, le dijo con dulce voz:

—Caballero, toda mi vida le guardaré gratitud por su arrojo y valor.

Ricardo se inclinó gentilmente y luego de besarle la mano, impresionado por la belleza de la dama, contestó:

—Señora mía: desearía que mi destino me permitiera seguirla y acompañarla durante toda mi vida, para gozar del placer de contemplarla sin cesar.

La joven sonrió halagada y con encantador acento contestó, al tiempo que hacía un gracioso ademán:

—Me sentiré muy honrada si quien por mi causa ha arriesgado su vida, quiere acompañarme en mi viaje.

En aquel momento el caballero de la cicatriz, que hasta entonces había permanecido silencioso, se dirigió a Ricardo diciéndole con gran interés:

—¿Puede decirme antes de partir cuál es su nombre, para que no se aparte nunca de mi memoria?

—Ricardo de Inglaterra —contestó el joven al tiempo que levantaba la visera de su yelmo.

Cuando vio el rostro del joven, el caballero quedó asombrado y como lleno de vergüenza, al ver que no era más que un jovenzuelo quien lo había vencido en buena lid. Desconcertado hizo una inclinación respetuosa, y se alejó seguido de sus criados en dirección a un castillo que se recortaba en lo alto de una colina.

La vista del noble y varonil rostro del joven caballero, produjo en la hermosa dama una viva emoción. Con voz suave y algo trémula, sin separar de Ricardo su mirada, dijo mientras se dirigía hacia sus servidores:

—Conviene que prosigamos el camino cuanto antes.

Ricardo tomó su caballo de las riendas y asintiendo con un movimiento de cabeza, siguió a la joven para ayudarle a subir a su cabalgadura.

Durante algunas horas cabalgaron tranquilamente sin que nada ni nadie turbara su marcha. Y ya cuando el sol se ocultaba en el horizonte, divisaron un amurallado castillo, en cuyas torres y almenas se veían algunos soldados.

—Ya llegamos a mi casa... gracias a usted —dijo la joven, sonriendo dulcemente a Ricardo.

—Ahora que ya no le amenaza ningún peligro, me retiro —dijo el joven caballero.

—¿Se va ahora? —se extrañó la joven—. ¿No quiere aceptar mi hospitalidad? Mi padre se sentirá muy honrado al conocerlo y quiero que le dé las gracias por haberme libertado.

—No, doña Constanza —se disculpó Ricardo—. Hoy no puedo aceptar su ofrecimiento, pero en otra ocasión le prometo que lo haré con placer. Y ahora con su permiso, la dejo para que pueda correr al lado de los que la aman mientras yo prosigo mi camino.

La vida de aventuras del joven caballero había comenzado y durante muchos años había de ser Ricardo uno de los más nobles y valerosos de cuantos se dedicaban a la apasionante profesión de la caballería.

*

En la corte de Francia había despertado gran expectación un torneo que iba a celebrarse, debido a que los campeones que tomarían parte eran de primera calidad, y porque se esperaba que el rey Luis VII honrara con su presencia tan memorables justas.

Desde que amaneció el día del combate, una gran multitud, compuesta por nobles, criados y siervos de toda clase, se había congregado en una vasta pradera cubierta de césped y limitada por fuertes empalizadas. En el centro de uno de los lados del enorme rectángulo, se alzaba una tribuna empenachada con el estandarte real, y bajo el dosel que la cubría estaban el trono del rey y el de los príncipes, rodeados de sendos escabeles para las damas y caballeros del séquito. Frente a él se alzaba otro tablado de la misma altura y engalanado de un modo más vistoso, aunque con menos suntuosidad que el del rey. Los gallardetes y pendones ostentaban los emblemas de Cupido, y en brillantes letras se leía la inscripción:

"A la reina del Amor y de la Hermosura".

Los maestros de campo, armados de punta en blanco, recorrían la palestra montados en fogosos corceles, para conservar el orden y dirimir las disputas que surgían entre los espectadores, ávidos de ocupar los mejores lugares.

Muy pronto el recinto se llenó. Al poco rato se oyó un agudo sonar de clarines y se vio llegar la comitiva del rey Luis VII. Venía montado en un soberbio bayo oscuro, enjaezado con gualdrapas de flecos de oro y dados extraños en brillantes colores. Llevaba el manto de corte, corona y cetro; ceñía espada y cabalgaba con gran majestad y gallardía a pesar de sus años. Tras él venía el príncipe Felipe Augusto y a su derecha la infanta Berenguela de Cataluña, bellísima sin posible comparación. La princesa Alicia se hallaba en la corte de Inglaterra y no pudo asistir al torneo. Luego seguía luna gran cantidad de damas, dignatarios del rey y caballeros, todos ellos vestidos con trajes recamados de oro y pedrería, deslumbrantes a la luz del sol de aquella mañana primaveral.

Cuando todos los del séquito ocuparon sus escaños, los heraldos, a una señal del rey, pregonaron las leyes del torneo, que más o menos decían lo siguiente:

"Primero: Los mantenedores pelearán con todos los caballeros que se presenten a medir con ellos sus armas.

"Segundo: Para escoger mantenedor, bastará con tocar el escudo elegido. Si lo toca con la parte inferior de la lanza, las armas del combate serán las de cortesía. Es decir, lanzas que lleven una pieza redonda de madera en lugar de punta. Pero si el caballero toca el escudo con la punta de la lanza, las armas del combate serán cortantes y punzantes.

"Tercero: Al que resulte vencedor, el rey le concederá como premio un caballo de batalla, y tendrá el honor de nombrar a la reina del Amor y de la Hermosura".

Al terminar los heraldos su proclama, dieron sus acostumbrados gritos de:

"Sean generosos, sean generosos, valientes caballeros" y "Amor a las damas, honor a los generosos, gloria a los valientes".

Enseguida se retiraron quedando tan sólo los maestros del campo, inmóviles como estatuas y colocados en los extremos de la palestra.

Luego se abrieron las barreras y comenzaron los combates. En los encuentros que se celebraron, siempre obtuvo la victoria el mantenedor, que demostró un valor y pericia sin igual, quedando dueño del campo.

El torneo estaba llegando a su fin y el vencedor era a todas luces el valiente caballero Ulric de Waurin, alemán de la orden de los Templarios. Se produjo una larga pausa, pues nadie se presentaba con ánimos de seguir la suerte de los anteriores vencidos. Los espectadores murmuraban porque Ulric de Waurin era aborrecido por su altanería y por su condición de extranjero.

Los heraldos anunciaban que el vencedor estaba presto a combatir nuevamente con quien quisiera medir sus armas en combate. El talante de Ulric era altanero y soberbio, y su agresiva mirada parecía desafiar a todos los presentes.

Los heraldos exclamaban sin cesar:

"Amor a las damas, rómpanse lanzas. ¡Ánimo, valientes caballeros! ¡Hermosos ojos los están mirando!"

Todos creían que el torneo había terminado y malhumorados miraban al vencedor, cuando de pronto se oyó en la entrada el sonar de una trompeta respondiendo al desafío. Apareció un jinete montado en un brioso potro blanco. Su porte era gallardo y su armadura era de acero con ricos adornos de oro. La celada le ocultaba el rostro y la divisa de su escudo era un león.

Marchando pausadamente entre el griterío con que los espectadores habían acogido su llegada, el campeón llegó hasta el soberano y con voz firme dijo:

—¿Me otorga Su Majestad su real licencia para combatir?

—¿Quién es usted? —preguntó intrigado el rey.

—Tengo hecho voto de no descubrir el rostro mientras no haya matado por lo menos a doscientos infieles —contestó el caballero desconocido.

—Jure —dijo el monarca con voz velada.

Así lo hizo el campeón y luego, ante la espectación de los presentes, dirigió los pasos de su montura hacia donde se hallaba Ulric de Waurin, y con la punta de su lanza golpeó el escudo de éste, que resonó en todo el ámbito de la palestra. Esta arrogancia causó general admiración, y Ulric fue el más sorprendido al verse desafiado a muerte por un desconocido.

Al verlos frente a frente, el heraldo exclamó:

—¡Cumplan su deber, caballeros!

El rey hizo un gesto e inmediatamente dio comienzo la contienda.

En todo el campo reinó un silencio impresionante y aún no habían terminado las trompetas de dar la señal de ataque, cuando los contrincantes salieron disparados con la rapidez del rayo al galope de sus cabalgaduras, chocando en mitad de la palestra con un ruido semejante al estampido del trueno. Las lanzas se astillaron al primer choque y pareció que ambos iban a caer al suelo, porque debido a la violencia del golpe los caballos retrocedieron y doblaron sus patas traseras. Una vez recobrados con ayuda de la brida, volvieron de nuevo a los extremos opuestos del campo, donde los escuderos les dieron nuevas lanzas.

Tras una breve pausa se reanudó el combate. Ulric de Waurin no era cobarde ni inhábil; pero se hallaba tan enfurecido y ofuscado al ver la destreza y sangre fría de su adversario, que dando un grito salvaje arremetió contra él lanza en ristre, con ánimo de traspasarlo de parte a parte. Todo el campo se crispó de horror y un alarido se escapó de todos los pechos. Pero luego se oyó un rugido de victoria al ver cómo el caballero desconocido, resistiendo heroicamente el formidable ataque de lanza, embistió a su vez con tal destreza, que logró desarzonar a su enemigo...

Con los estribos perdidos y lanzando una maldición, cayó al suelo pesadamente el templario Ulric de Waurin. Procedió a desenredarse, y aquí fue cuando todos advirtieron la hidalguía del desconocido al dejarle tiempo para poder hacerlo, cuando pudo muy bien haberle asestado una estocada aprovechando las circunstancias. Sin embargo, para él, más que un combate a muerte, parecía un torneo en el que la vida no peligrara. Ya incorporado Ulric, echaron mano a la espada, empezando el más formidable asalto entre dos hombres que parecían igualmente diestros en el manejo de las armas.

De pronto un habilísimo juego del desconocido desarmó al templario, cuya espada saltó en dos pedazos con un silbido siniestro... Ulric perdió pie y con golpe sordó cayó su cuerpo sobre la arena. El desconocido, dando un salto felino, se abalanzó contra él y puso sobre el cuello del vencido su pie y sobre la garganta la punta de su afilada espada. Parecía que iba a hundirse en la carne de Ulric, cuando un grito de mujer rompió el silencio...

—¡Perdónelo, señor!

El desconocido miró a la que así le hablaba y algo debió ver en su hermoso y pálido rostro, porque su espada se deslizó, sin herir, sobre el cuello del vencido...

Un aplauso como un trueno estalló entre la muchedumbre y con voces ensordecedoras vitorearon al vencedor. Miles de comentarios que denotaban la más aguda curiosidad, siguieron la marcha del desconocido paladín, quien acercándose a la tribuna del rey e hincándose a sus pies, solicitó de él la venia para nombrar a la reina del Amor y de la Hermosura.

El soberano hizo levantar al campeón y dio orden de que le entregaran primero el caballo que constituía el premio. El campeón se acercó al hermoso corcel y poniendo la mano en el arzón delantero, saltó sobre la silla sin apoyar la mano en el estribo.

—Alce la lanza —le ordenó el rey.

El desconocido obedeció, y el soberano colocó en la punta una corona de laurel, guarnecida con un círculo de oro.

Sin vacilar un instante el vencedor, cual si de antemano en su corazón ya la tuviese elegida, depositó a los pies de Berenguela la corona que le acababa de entregar el rey.

Como era costumbre, tambores, clarines y atabales, estallaron en alegre música, y los heraldos proclamaron a doña Berenguela reina del Amor y de la Hermosura.

Mientras la muchedumbre prorrumpía en vítores, aplausos y gritos de júbilo, la dama había tomado la corona con mano trémula y la sostenía aguardando a que el caballero se quitara el casco. Todos miraban llenos de curiosidad, sin poder adivinar quién pudiera ser aquel esforzado caballero. Pero éste guardaba celosamente su voto y parecía no consentir en descubrir su semblante.

—Gracias le doy, señor, por haber escuchado mi súplica y por haberme elegido como reina de este torneo —le dijo doña Berenguela.

Pero cuando el desconocido le iba a responder, el príncipe Felipe, picado por la curiosidad de conocer a tan valeroso paladín, de un tajo de su afilada daga cortó la correa que sujetaba el casco bajo la barbilla del campeón, dejando al descubierto el rostro de éste al quitarle el capacete empenachado.

—¡Ricardo!... —exclamaron todos con asombro al reconocer al que tan valientemente había vencido.

Berenguela, pálida por la emoción, colocó con trémulas manos la corona sobre los cabellos dorados del príncipe y no pudo articular palabra de tan confusa y emocionada que estaba.

Ricardo la miró unos instantes fijamente, y al tiempo que le sonreía amorosamente le hizo una profunda reverencia y luego, saltando sobre su caballo, se alejó velozmente del campo.

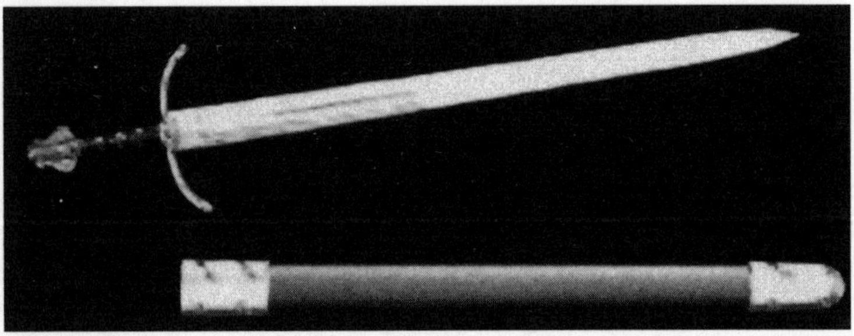

Así era la espada de Ricardo Corazón de León.

Capítulo 4

Ricardo se convierte en gobernante

La fama de Ricardo se extendió muy pronto por todas las cortes europeas. Enrique II, orgulloso del valor de su hijo, lo llamó a Inglaterra, y cuando llegó, le hizo un gran recibimiento.

En aquella época, y con la intención de humillar a su enemigo Tomás Becket, privándole de uno de sus mayores privilegios que era el de consagrar a los reyes de Inglaterra como primado de Cantorbery, había hecho coronar a su hijo Enrique III por el obispo de York. Y no solamente se limitó a esto, sino que con intención de dar mayor solemnidad al acto, le sirvió personalmente a la mesa, repitiendo:

—A partir de hoy no me considero ya soberano de Inglaterra.

Deseoso de colmar a sus hijos de títulos y de ricos principados, dividió sus dominios entre éstos señalando la Inglaterra, el ducado de Normandía y los condados de Anjou, Maine y Turena a Enrique, coronado ya rey; el ducado de Guyena y el Poitou a Ricardo; la soberanía de Bretaña a Godofredo y la Irlanda al último de sus hijos, Juan sin Tierra, llamado así porque no se le había señalado patrimonio.

Esa actitud condescendiente de Enrique II, o el rey viejo como todos lo llamaban, sería la causa de no pocas luchas y sinsabores, ya que debido a su carácter irritable y severo, por la cosa más insignificante variaba caprichosamente los patrimonios que antes había repartido entre sus hijos.

El príncipe Enrique se había casado con una princesa de Francia, hija de Luis VII, y pretendiendo ser rey de hecho, pidió a su padre que lo pusiera en posesión de Inglaterra y Normandía, pero como Enrique II se negó, el príncipe se marchó descontento a Chartres, cerca de su suegro, quien lo recibió como rey de Inglaterra.

Cuando Enrique II supo que Francia reconocía a su hijo como rey, se enojó mucho y desposeyó a todos de las propiedades que antes les había donado. Tanto Ricardo como Godofredo protestaron, máxime considerando que dichas propiedades pertenecían a su madre, pero Enrique II se mantuvo inflexible y hasta llegó a amenazarlos.

Ante tal situación, Leonor pidió a Ricardo y Godofredo que salieran los tres de Inglaterra y se dirigieran a los dominios que ella tenía en Francia.

Ricardo, que entonces tenía 16 años, preparó la partida para irse sigilosamente, pero cuando esperaban a su madre en la costa, uno de sus servidores llegó al galope, diciendo:

—Señor, el rey ha encarcelado a la reina. Huyan ustedes, pues los buscan para detenerlos también.

Ricardo quedó indeciso un instante, con el deseo de correr en auxilio de su madre, pero reconociendo lo inútiles que serían sus esfuerzos dijo:

—Vayamos a Francia con nuestro hermano Enrique y él nos ayudará a liberar a nuestra madre.

Más tarde el velero, empujado por un viento favorable, se perdía en el horizonte camino de la costa francesa.

*

Con gran decisión y valor, Ricardo se dedicó a gobernar el ducado de Aquitania, mientras Godofredo lo hacía en el de Bretaña. Su hermano Enrique seguía al lado del monarca francés, en espera de una ocasión propicia para obtener la corona de Inglaterra. La familia real inglesa había quedado dividida y esto favorecía los planes de los barones franceses que sólo suspiraban por verse libres de la presencia del monarca inglés en sus territorios.

Bertrand de Born, que era poeta y guerrero, señor del pequeño castillo de Hautefort, situado junto a Periguenx, trabajaba con sus poemas y romances sólo para dividir a Francia e Inglaterra. Sus canciones estimulaban la lucha y enardecían aun a los más pusilánimes.

Por fin, después de algunas luchas costosas, bajo el enorme olmo de Girors, donde se daban cita los duques de Normandía y los reyes de Francia, el 25 de setiembre de 1173 se reunieron los soberanos francés e inglés y los príncipes. Un legado pontificio, llegado exprofeso, los exhortó a la reconciliación y Enrique II hizo varias promesas y ofrecimientos. Pero todo fue inútil porque el rey francés sólo quería la caída de Enrique II para proclamar rey a su yerno. Sin embargo, poco después moría Luis VII y su hijo Felipe Augusto lo sucedía en el trono, dando lugar a que la familia inglesa tuviera algo de paz.

El rey Enrique II repartió de nuevo sus propiedades, correspondiéndole a Ricardo dos castillos en Poitou y la mitad de las rentas de este condado. Durante algún tiempo reinó la calma entre padre e hijos, lo que Ricardo aprovechó para acrecentar su fama en las lides en que participaba.

Pero un día el primogénito Enrique cayó enfermo en Martel, y sintiéndose próximo a morir imploró el perdón de su padre quien le remitió su anillo como prueba de amor y misericordia. El moribundo recibió aquella prenda con gratitud, la besó repetidas veces, hizo una confesión pública de sus faltas, mandó llevar ceniza a su cuarto y luego de acostarse sobre ella, expiró el 11 de junio de 1185.

Poco después, en agosto del mismo año, Godofredo murió en un torneo al ser derribado y pisoteado por el caballo que montaba.

Al verse Ricardo como heredero de la corona, pidió a su padre permiso para casarse con Alicia, con la que estaba comprometido desde los tres años, exigiendo el condado de Vexin que ésta aportaba como dote. Enrique II se negó a los deseos de su hijo, y esta negativa hizo que el rey de

Francia, Felipe Augusto, hermano de Alicia, exigiera la boda de ésta con Ricardo. Pero ni así accedió el monarca inglés, originando una nueva guerra que terminó con el tratado de Colombiere, reconciliando a los combatientes.

*

Mientras tanto, Jerusalén había caído en manos de los infieles, y esta triste noticia cayó como una bomba en todas las cortes de Europa. El 21 de enero de 1188, reunidos Enrique II de Inglaterra y Felipe Augusto de Francia, juraron como hermanos una alianza militar por la causa de Dios y se hicieron poner la cruz, Enrique blanca y Felipe roja, y afirmaron que no abandonarían la causa del Señor ni por tierra ni por mar hasta volver victoriosos. También se determinó que todo el mundo debía contribuir con el diezmo de sus rentas, bienes y muebles, conociéndose este impuesto como "diezmo de Saladino".

Cuando ya estaba todo a punto para partir hacia Tierra Santa, Felipe Augusto exigió al rey Enrique, primero la boda de su hermana con Ricardo y luego el reconocimiento de éste como heredero del trono de Inglaterra. Pero no hubo manera de que el monarca inglés accediera a esta petición. Su negativa se fundaba en que desde hacía tiempo el viejo rey se había enamorado de la hermosa Alicia y pensaba casarse con ella tan pronto consiguiera el divorcio de su esposa Leonor.

Ricardo se hallaba indignado, y sólo el respeto que debía a su padre lo contenía para no darle el merecido castigo por tan injusto proceder. Al ver que no cedía, le juró vasallaje a Felipe Augusto por todas las tierras de su padre en Francia y le rogó, como su señor feudal, que protegiera sus derechos a la corona.

Felipe lo admitió gustoso como vasallo y le devolvió los castillos de Chateauroux e Issoudun, aparte de otros honores como agradecimiento al favor que Ricardo le hacía.

Cuando Enrique II vio que todo el poder de Francia e incluso sus propios vasallos del Sur se ponían del lado de su hijo Ricardo, no vaciló en ofrecer entonces a Felipe casar a Juan sin Tierra con Alicia y cederle todas las posesiones que tenían en el continente. Pero Felipe Augusto, orgulloso de la compañía de Ricardo, se negó a la propuesta del rey inglés y no quiso abandonar al valeroso príncipe, quien no comprendía la extraña conducta de su padre.

La lucha comenzó de nuevo hasta que, por fin, en una llanura junto a Tours, se reunieron ambos reyes y Enrique II tuvo que aceptar todo lo que le exigió el rey francés. Cuando vio que incluso su hijo Juan sin Tierra era aliado de Ricardo, experimentó un dolor inexplicable y contrajo una gran melancolía, fruto de su tardío arrepentimiento, fue entonces que comprendió la gravedad de su injusta y caprichosa conducta.

Siete días después, exactamente el 6 de julio de 1189, confortado con el auxilio de la religión y luego de dar el beso de la paz a su hijo Ricardo, expiraba a los 58 años de edad el que hasta entonces fuera rey de Inglaterra, Enrique II "Plantagenet".

Enrique II "Plantagenet" fue el más poderoso de los reyes ingleses y uno de los príncipes más grandes de su tiempo. Su enorme corpulencia la heredó su hijo Ricardo, así como la afición a los estudios, aunque la cultura de Ricardo fue inferior a la de su padre, pero superior a la mayoría de los príncipes de la época.

Sólo Ricardo y Juan sin Tierra sobrevivieron al rey Enrique II entre los cinco hijos varones que tuvo con Leonor de Aquitania. Sus tres hijas, Matilde, Eleonora y Juana se casaron, la primera con Enrique, "El León", duque de Sajonia; la segunda con Alfonso de Castilla; y la tercera con Guillermo II de Sicilia.

El día 6 de julio de 1189, en el coro del monasterio de Fontevraut, fue inhumado sin pompa alguna el cadáver del rey Enrique II. Ricardo asistió a la ceremonia con un vivo y sincero dolor, y al finalizar la misma todos gritaron:

—¡El rey ha muerto! ¡Viva el rey!

Ricardo se dirigió a Rouen y el día 20 de julio, según el uso antiguo, tomaba en la iglesia de Santa María la espada y el estandarte de duque de Normandía, en presencia de los barones y dignatarios de la corte.

Para celebrar la coronación del nuevo rey se congregó en Londres una gran muchedumbre ávida de vitorear a su soberano, en el que tenían depositadas todas sus esperanzas. Y el día 3 de septiembre, en una ceremonia impresionante, Ricardo fue coronado en la Abadía de Westminster después de haber prometido reverencia a Dios y a la Iglesia.

Aquel suceso se vio alterado por un hecho desafortunado del que fueron víctimas los judíos residentes en Inglaterra. Sus enormes usuras les habían hecho los dueños de casi todo el dinero metálico del reino, y esto, unido a la circunstancia de ser descendientes de los que crucificaron a Cristo en Jerusalén, les hacía ser odiados por todas las personas. Los judíos, para granjearse la voluntad de Ricardo, le habían ofrecido una gran cantidad de dinero, la cual fue rechazada, y como él temía que la presencia de los judíos en el templo, donde iba a ser coronado, produjera alguna conmoción popular, ordenó que ninguno de ellos se acercara ese día a la Abadía de Westminster. Mas a pesar de la prohibición, algunos, impulsados por la curiosidad, trataron de mezclarse entre la muchedumbre para presenciar la magnífica ceremonia. Todo fue bien hasta que, habiendo sido reconocidos, fueron arrojados del templo y luego perseguidos a pedradas y garrotazos.

Ricardo lamentó lo ocurrido y sólo a costa de grandes esfuerzos pudo detener estos desmanes que ensombrecieron el día de su coronación.

*

Cuando Ricardo se convirtió en rey tenía 32 años. Los suyos le decían orgullosamente el León o Corazón de León, y él llevaba en sus armas la figura de un fiero león. Por su afición a las aventuras, se olvidaba de otras cosas y más parecía caballero andante que rey de Inglaterra.

Una cualidad que distinguía a Ricardo era su buen corazón. Muy pronto rodeó a su madre de todo aquello que podía hacerla dichosa, y concedió a su hermano Juan sin Tierra el condado de Mortagne en Normandía y los de Cornwall, Dorset, Gloucester, Nottingham, Derby y Lancaster, posesiones tan vastas y ricas, que hicieron de este príncipe casi un igual suyo.

La primera medida que tomó Ricardo como rey fue cargar de cadenas al tesorero de la corona hasta que entregara todo el dinero que había robado. Luego, alejó de sí a los malos consejeros para colocar en su puesto a los ministros que habían servido con lealtad a su padre.

En esa época llegaban de Tierra Santa mensajes que acrecentaban la excitación de los caballeros cristianos. Los cruzados que regresaban contaban hazañas y costumbres que llenaban de indignación y asombro a cuantos los oían.

El poeta "Pons de Capdeuil" iba de ciudad en ciudad gritando:

—Ningún héroe es considerado noble en este tiempo si no corre a prestar auxilio a la Cruz y al Santo Sepulcro.

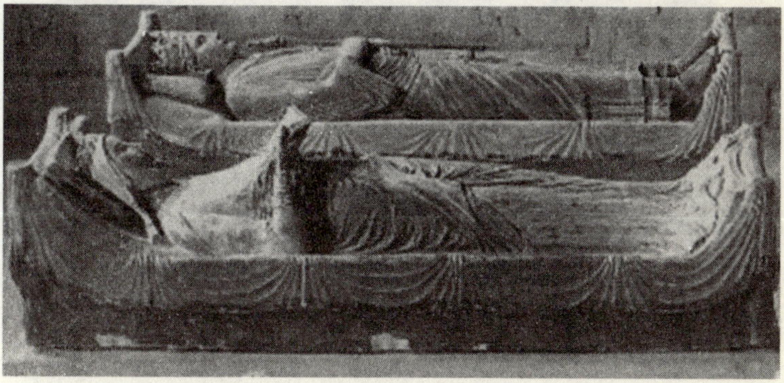

Tumbas de Enrique II y Leonor de Aquitania.

Esto revivió el anhelo de luchas y aventuras en Ricardo, quien reuniendo un día a su corte, les dijo:

—Quiero cumplir la promesa que un día hizo mi padre de acudir en defensa de Jerusalén, por lo tanto que se preparen todos los que me quieran seguir a la Cruzada.

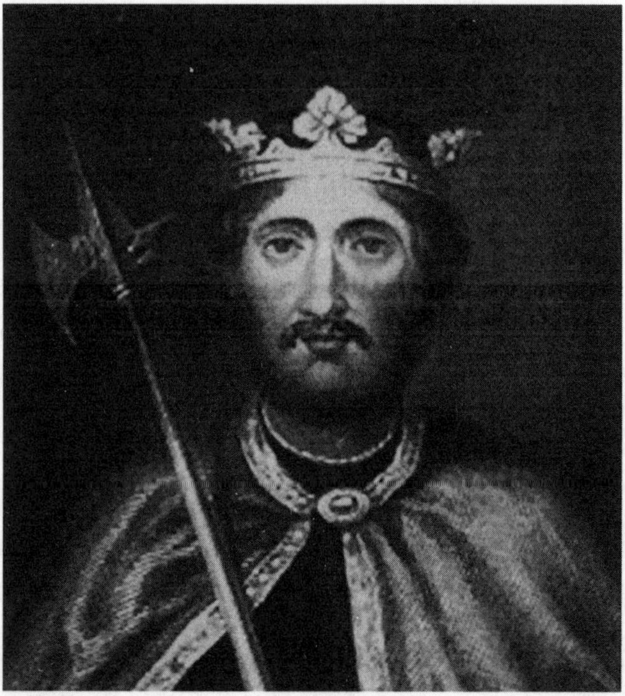

El rey Ricardo Corazón de León.

Capítulo 5

Las Cruzadas

Jerusalén estaba en poder de los infieles, y esto había conmocionado a todas las naciones cristianas. Ya no era posible hacer peregrinaciones a las tierras santificadas por Jesucristo. Por tal motivo, la idea de "rescatar" la Tierra Santa se afirmó en el corazón de los buenos cristianos. El valor y entusiasmo de los caballeros fueron aprovechados por la Iglesia para llevar a cabo las Cruzadas. El Papa Urbano II llevó a cabo lo que había sido concebido ya por San Gregorio VII: la conquista de Palestina.

Al llamado del Papa respondieron millares de hombres, principalmente aquellos que habían jurado emplear sus armas en defensa de la Iglesia y de los necesitados. Estos hombres recibieron el distintivo de "cruzados", el cual consistía en una cruz roja sobre el hombro o el pecho. Príncipes, caballeros y una multitud de gente del pueblo se alistaron al grito de: "!Deus lo volt!" (¡Dios lo quiere!)

Un buen día Jerusalén fue recuperada por los cristianos. Pero los turcos siguieron insistiendo en sus ataques. Y de no haber sido por los esfuerzos de dos grandes órdenes de caballeros, los musulmanes habrían conseguido la victoria.

Varios caballeros franceses acordaron formar una orden destinada al servicio de los peregrinos pobres y enfermos, y obligándose a vivir pobremente, crearon el hospital de Jerusalén o de San Juan, tomando la orden el nombre de "Los Caballeros Hospitalarios de San Juan". Hacían el voto de combatir contra los infieles sin tratar de conseguir riquezas para ellos.

Poco después, algunos caballeros de esta orden fundaron otra, destinada a defender y acompañar a los peregrinos en su viaje a Tierra Santa. Se llamaron "pobres hermanos del Temple de Jerusalén", porque el rey Balduino les cedió una parte del palacio conocido por "El Temple". Estos caballeros eran llamados "templarios".

*

Para recuperar Tierra Santa el sultán Norodino mandó a Saladino, quien lanzó sus ejércitos contra los cruzados y se apoderó de Jerusalén. Ante esto, el Papa recién elegido, Gregorio VIII, convocó a la nueva Cruzada. El emperador de Alemania, Federico Barbarroja, fue el primero en emprender la campaña. Luego lo siguieron el rey Felipe Augusto de Francia y el recién coronado Ricardo de Inglaterra, llamado "Corazón de León".

El rey Ricardo estaba dispuesto a todo, pero como los reyes sólo tenían el producto de sus bienes, y el crédito era aún cosa desconocida, se hacía indispensable reunir sumas considerables para realizar la empresa. Aunque el dinero heredado de su padre ascendía a cien mil marcos, no alcanzaba para los gastos de la costosa expedición, y por lo tanto Ricardo empezó a vender todo para recaudar fondos. Enajenó las tierras de la corona, ciudades, castillos, dignidades...

Por fin, el 12 de diciembre de 1189 salió de Inglaterra al frente de sus ejércitos, dejando el reino al cuidado de Guillermo de Longchamps, obispo de Ely y legado apostólico.

Al llegar al continente, Ricardo se reunió con Felipe II de Francia en St. Remy el 30 diciembre de 1189. En una solemne ceremonia, ambos reyes hicieron el siguiente juramento:

> "Juro proteger la vida, propiedad y honor del otro rey como lo mío propio. El quebrantador de la paz incurrirá en excomunión y pérdida de la hacienda. Todos los bienes de los cruzados gozarán de la misma protección".

También ambos reyes, de común acuerdo, tomaron severas medidas para reprimir los excesos de la gente que los seguía. Las principales eran:

A los ladrones se les rapará la cabeza, bañándola con pez líquida y cubriéndosela de plumas.

Por el bofetón se aplicará la pena de sumergir al culpable en el mar tres veces y por una estocada se perderá la mano.

Por cada injuria se pagará una onza de plata.

Los asesinos serán atados al cadáver de la víctima y arrojados al agua.

Se prohíbe a las mujeres hacer el viaje con los cruzados, y a éstos desplegar lujo en los vestidos y en los alimentos, y entregarse a juegos de azar.

Cuando estaban a punto de partir, la muerte de Isabel, esposa del rey Felipe, y la de Guillermo II de Sicilia, cuñado del rey Ricardo, retrasaron la salida, pero por fin el día 27 de junio de 1190 iniciaron la marcha. Los franceses llevaban cruces rojas, los ingleses blancas y los alemanes verdes.

Fueron Ródano abajo y en Lyon se separaron. Ricardo se dirigió hacia Marsella. Allí esperó ocho días la flota de ciento seis velas que los recogerían; pero en vista de su tardanza, alquiló barcos en Marsella, y el 25 de agosto desembarcó en Ostia.

El día 23 de septiembre entraba en Messina, donde ya lo esperaba el rey Felipe desde el día 16.

Al llegar Ricardo a Sicilia se encontró con que reinaba en Salerno el príncipe Tancredo, quien había usurpado el trono, valiéndose de que Guillermo "El Bueno" había muerto sin descendencia.

Tancredo tenía prisionera a la viuda del rey, la reina Juana, que era hermana del rey Ricardo, pero cuando llegó

Ricardo lo obligó a dejar libre a su hermana y a devolverle su dote de veinte mil onzas de oro. Como Tancredo se vio entre dos temibles reyes, accedió a lo que le pedía el rey inglés y luego concertó que Arturo, duque de Bretaña y sobrino del rey de Inglaterra, se casara con una de sus hijas.

Cuando Ricardo reclamó a Tancredo la viudedad de su hermana, éste se negó a satisfacerla, y entonces el rey inglés se apoderó de un fuerte que dominaba la rada de Messina y enarboló en las murallas la bandera de Inglaterra. Felipe Augusto, considerando aquello como un insulto, se entrevistó con Ricardo y le pidió que retirara la bandera. Ricardo aceptó quitarla, pero advirtió que rechazaría con las armas al que intentara enarbolar otra.

El padre de Ricardo lo había comprometido desde la infancia con Alicia, hermana del rey Felipe Augusto, pero como el rey inglés no estaba enamorado de ella, se negó a casarse, lo que disgustó mucho al rey de Francia. Y cuando vio que Ricardo se comprometía con Berenguela, hija del rey Sancho de Navarra, reunió a sus tropas y partió para Tierra Santa, dejando a los ingleses en la isla.

Felipe Augusto y Ricardo eran jóvenes, y ambos tenían un exagerado amor propio, lo que causaría sus constantes querellas. Ricardo no era hábil en el arte de la diplomacia. Obstinado y altanero, él trataba de imponer su voluntad; su actividad era turbulenta y su osadía temeraria.

Tancredo animaba a los sicilianos para que hicieran a los ingleses toda clase de ofensas, y esto irritaba a Ricardo.

Por fin, el 12 de abril de 1191, después de estar seis meses en la isla, acompañado de su futura esposa, Berenguela, y de la reina Juana, salió de Messina rumbo a Oriente. Su escuadra, formada por ciento cincuenta galeras, fue sacudida por una violenta tempestad cuando se encontraba en las aguas de Rodas, y gran parte de ella llegó a las costas de Chipre. Allí gobernaba, con el pomposo título de emperador, Isaac Comeno, que se había apoderado del trono. Éste robó a los náufragos, los encarceló, les quitó los buques y negó la entrada en el puerto de Limisso a los navíos en que iban las princesas.

Cuando Ricardo supo lo sucedido, reunió el resto de la escuadra y mandó a Isaac Comeno unos emisarios pidiéndole explicaciones. Comeno contestó que fuera el mismo Ricardo a pedírselas. Entonces, Ricardo se apoderó de seis buques enemigos, y tras derrotar a los chipriotas que osaron oponérsele, se dirigió a Limisso y entró en la ciudad tras una corta resistencia.

Isaac Comeno escapó a duras penas y se fue a refugiar en Nicosia, adonde lo siguió Ricardo con ánimo de castigarlo. Pero el emperador, humillado por la derrota y sin contar con sus súbditos, pidió hablar con Ricardo, lo cual tuvo lugar en una llanura frente a Limisso.

—Espero tus explicaciones —le dijo Ricardo.

—Me obligo a rendirte homenaje —respondió el emperador tembloroso—, a entregarte todos mis castillos, a servir a tus órdenes en Tierra Santa con quinientos caballeros y a pagar trescientos mil marcos de oro.

—Si cumples con esto —le dijo Ricardo—, al regreso tendrás tu reino.

Pero Comeno faltó a su palabra y volvió a tomar las armas, y otra vez fue derrotado corriendo a refugiarse en Nicosia al lado de su hija, quien abrió las puertas de la ciudad a Ricardo. Así, el emperador fue aprisionado por el rey de Inglaterra.

Después, Ricardo se dirigió a Limisso, donde se casó con Berenguela de Navarra. Luego salió para Tiro, y allí encontró al ejército cristiano dividido entre dos aspirantes a la corona de Jerusalén.

*

Mientras tanto, Federico Barbarroja, con su ejército, logró apoderarse de Iconio, ganando la Cilicia. Saladino supo de su avance y temió que su ejército no pudiera resistir el ataque de tan fuertes guerreros, por lo que dio orden de retirada.

Pero un día, cuando los cruzados habían atravesado el Calicadno, río de Seleucia al norte de Tierra Santa, el rey Federico se bañó en la fría corriente y a causa de esto sufrió un síncope que provocó su muerte a la edad de 67 años.

La pérdida de su rey desmoralizó a los cruzados alemanes. Su hijo Federico, duque de Suabia, tomó el mando, pero su gente estaba hambrienta y sin disciplina. Las enfermedades se multiplicaron y muchos cruzados regresaron a su patria. Por último, Federico murió en San Juan de Acre, al preferir perder la vida luchando a manchar con la huida una empresa santificada.

Seguían las luchas por la corona de Jerusalén, y Saladino era el único beneficiado.

Fulco, conde de Anjou, estaba casado con una princesa de la casa de Bouillon, heredera directa del trono de Jerusalén, y de este matrimonio nacieron dos hijas llamadas Sibila e Isabel. La primera se casó con Guido de Lusignan, quien adquirió los derechos al cetro, y aunque Saladino lo arrojó de Jerusalén, era reconocido como rey.

Al morir Sibila sin dejar hijos, su hermana casada con Conrado, marqués de Montferrato, reclamó el título de reina, disputándole el derecho a Guido.

Ricardo se puso de parte de Conrado, y Felipe Augusto de parte de Guido, sólo por llevar la contraria al rey inglés.

Las discordias entre Ricardo y Felipe Augusto se acentuaron más cuando se hallaron en un campamento frente a San Juan de Acre. Felipe temía que los ingleses se atribuyeran la gloria de lo que hicieran los franceses, y Ricardo no quería que las hazañas de los ingleses pudieran ser atribuidas a los franceses. Y mientras unos combatían, los otros sólo miraban. Así transcurrieron semanas sin que ambos ejércitos se decidieran a combatir juntos.

Lo curioso del caso era que los dos reyes cristianos trataban a Saladino con mayor cordialidad de la que usaban entre ellos. En las treguas, los guerreros musulmanes y los cruzados celebraban torneos y bailes entre las tiendas, y tan extraña amistad se observaba también en las batallas, ya que el mismo Saladino cruzaba por los lugares que se combatía luciendo las insignias de caballero.

Por otra parte, el clima era un enemigo con el que los cruzados tenían que luchar, y muchos murieron a causa de las fiebres asiáticas malignas. El mismo Ricardo, al que Saladino admiraba por sus hazañas, cayó enfermo, y el campamento quedó inactivo al no encontrar un sustituto que se hiciera cargo de aquellas tropas.

Saladino, en cuanto supo de la enfermedad de Ricardo, le envió su mejor médico con una nota que comenzaba así:

> "Saladino, rey de reyes, sultán de Siria y Egipto, luz y refugio de la Tierra, al gran Melec Ric, Ricardo de Inglaterra. Salud.
>
> "Dado que hemos sabido que la enfermedad pesa sobre ti, real hermano, y como te rodean médicos sin la bendición de Alá y del santo Profeta..."

Cuando el consejo de los cruzados tuvo noticia de que un médico musulmán había llegado para curar al rey Ricardo, pidió al Gran Maestre de los Templarios y al marqués de Montserrat que trataran de impedirlo. Ellos hablaron con Ricardo y le dijeron que no permitiera ser atendido por un infiel, pero cuando salieron de la tienda real, Ricardo llamó a su fiel amigo sir Thomas de Vaux, y le ordenó que recibiera al médico que enviaba Saladino.

Con los cuidados del médico musulmán, pronto Ricardo estuvo curado. Después de ofrecer regalos al árabe, que éste se negó a aceptar, le entregó una carta para Saladino en la que le agradecía su interés y le prometía darle las gracias personalmente en cuanto pudiera.

Ricardo y Felipe Augusto parecían haber olvidado su misión en Tierra Santa. Mientras, Conrado y Guido de Lusignan sostenían sus pretensiones sobre un reino sin territorios.

También había algunos, como el italiano marqués de Montserrat, que trabajaban en la sombra para disolver la liga de cruzados, fomentando los disgustos entre Ricardo y Felipe Augusto.

Por último, algunas personas sensatas llegaron a restablecer la calma entre los cruzados hasta que se tomara San Juan de Acre, llamada Tolemaida. Entonces se emprendieron los ataques con nuevo vigor. A diario había escaramuzas, y los fosos de la ciudad sitiada se llenaban de cadáveres de hombres y caballos. En aquella desgraciada expedición habían perecido más soldados de los necesarios para conquistar toda el Asia.

Ricardo había llegado a ser el terror de los infieles. Saladino admiraba las hazañas de Ricardo "Corazón de León", y en todo momento le podigaba atenciones, aunque en el fondo deseaba que regresara a su patria.

Después de casi tres años de sitio, de nueve tremendas batallas y de más de cien combates, San Juan de Acre capituló, con la promesa de que el madero de la verdadera Cruz se restituiría a los cristianos, así como unos mil seiscientos prisioneros y doscientas monedas de oro.

Enojado Saladino por la pérdida de la ciudad, no se apresuró a pagar el rescate que prometió para liberar a los habitantes de San Juan de Acre, y esta tardanza indignó a Ricardo, quien juró vengarse.

Al entrar en Tolemaida, Felipe y Ricardo se dividieron el botín, los prisioneros y los cuarteles de la ciudad, en cada uno de los cuales enarbolaron su bandera. También a las distintas naciones que habían combatido se les incluyó en el reparto, aunque no en la medida de los reyes inglés y francés.

Pero Felipe de Francia, temeroso del mayor ascendiente de Ricardo, había reunido en torno suyo a los príncipes de inferior categoría, en la que llamaba "resistencia al poder usurpador de Inglaterra". Uno de éstos era el cruel y ambicioso príncipe Leopoldo, duque de Austria, que se hizo famoso en la historia por la vergüenza de haber tomado prisionero a Ricardo "Corazón de León" a su regreso de Tierra Santa.

Al comenzar la Cruzada, este príncipe mendigaba la amistad de Ricardo, pero su carácter y costumbres, tan diferentes entre ambos, hicieron que Ricardo no simpatizara con Leopoldo, por lo que éste guardó en lo más profundo de su envilecido corazón el deseo de venganza. Conocedor de las discordias entre Felipe y Ricardo, se puso a la disposición del rey francés, deseoso de perjudicar al rey inglés.

Uno de los vicios de Leopoldo era la bebida, y con frecuencia se emborrachaba, favoreciendo así los turbios manejos de quienes se valían de él para traicionar la liga de los cruzados.

Cuando San Juan de Acre acababa de caer en manos de los cristianos, un caballero inglés llegó presuroso a la tienda de Ricardo, quien al verlo tan excitado le preguntó la causa. El caballero le dijo que Leopoldo había izado su bandera junto a la de Inglaterra. Al oír esto Ricardo se enfureció. Tomó su espada y sin más armas salió de la tienda, dirigiéndose hacia la torre en la que se veían izadas las dos banderas.

Leopoldo y sus amigos estaban celebrando con grandes carcajadas lo que acababan de hacer, cuando apareció Ricardo con el semblante desencajado.

—¿Quién se atrevió a poner esa bandera junto a la de Inglaterra? —preguntó.

—Yo —respondió Leopoldo, animado por el vino.

—Pues te ordeno que la quites inmediatamente —replicó Ricardo—, porque tu bandera no puede estar junto a la de un rey.

—Yo hago la guerra como soberano —contestó Leopoldo—, y después de Dios no reconozco más rey que a San Pedro.

—Pues ahora verá Leopoldo de Austria el caso que yo, Ricardo de Inglaterra, hago de su bandera.

Arrancó la bandera, rompió el asta en pedazos, arrojó la bandera al suelo y la pisoteó. Luego, dirigiéndose a los presentes, les preguntó:

–¿Alguno de ustedes tiene algo que decir?

Se hizo un silencio expectante cargado de amenazas. Y pronto un coro de voces se alzó pidiendo vengar aquella afrenta. Uno hubo que más impulsivo que los otros, se abalanzó sobre Ricardo, pero éste, parando el golpe, dijo sin perder la serenidad:

–He jurado no herir a ningún hombre que lleve la Cruz, por eso vas a vivir, pero será para que te acuerdes de Ricardo de Inglaterra.

Enseguida tomó al agresor por la cintura como si fuera una paja, y lo arrojó de espaldas contra el grupo que formaban Leopoldo y sus amigos. Esta demostración de fuerza dejó paralizados a todos, pero luego otros caballeros acudieron, entre los que se hallaba Felipe de Francia, y calmaron los ánimos, diciendo:

–¡Haya paz! ¡La paz de la Santa Cruz!

Tan pronto como Leopoldo vio llegar al rey francés, se aproximó servilmente y le dijo:

–Majestad, Ricardo de Inglaterra me ha ofendido gravemente, arrancando mi bandera y pisoteándola.

–Porque ha tenido la desfachatez de izarla junto a la mía –terció Ricardo.

–Mi categoría me da ese derecho, pues soy igual que tú –dijo Leopoldo con soberbia.

–Si me encuentras esa igualdad con tu persona te demostraré que hago lo mismo contigo que con tu bandera –le replicó Ricardo, dando un paso con gesto amenazador.

En ese momento se interpuso Felipe de Francia, quien consiguió calmar los excitados ánimos.

Más tarde, los dos reyes se despedían y la gente se dispersaba, mientras Leopoldo de Austria, con el corazón lleno de ira, se alejaba jurando vengarse.

*

La conquista de Tolemaida parecía ser un vaticinio de la próxima libertad de la Ciudad Santa. Pero Felipe Augusto de Francia hizo desvanecer esta esperanza cuando un día manifestó a Ricardo su decidido propósito de retirarse. Argumentó que el clima de esas tierras le hacía daño, y que algunos problemas urgentes reclamaban su presencia en Francia. El pretexto de falta de salud con que disfrazaba su deserción, encubría su deseo de ir a tomar posesión de Artois, que le correspondía por la muerte del conde de Flandes.

Antes de partir, dejó diez mil peones y quinientos caballos al mando del duque de Borgoña, con el dinero para su manutención durante tres años, indicando que quedaban bajo las órdenes de Ricardo. Lo cierto era que obedecían las órdenes secretas de Francia que llegaban siempre contrarias a las del rey inglés, y encaminadas siempre a suscitar obstáculos a los proyectos de éste.

Antes de abandonar Tierra Santa, Felipe Augusto, delante del patriarca y de todos los caballeros cruzados, hizo el siguiente juramento: "Juro respetar los Estados de Ricardo de Inglaterra mientras dure su ausencia, y cuarenta días después de su regreso".

Cuando el rey francés se hizo a la vela, Ricardo se puso al frente de los cruzados dispuesto a salir hacia Jerusalén, pero algunos nobles hacían lo posible por entorpecer la marcha de la expedición. El gran guerrero conducía sus tropas rumbo a Jerusalén cuando fueron sorprendidos por un enorme ejército sarraceno. Parecía no haber esperanza de salvación, pero la idea de que la Ciudad Santa estaba cercana, hizo que los cruzados combatieran esforzadamente hasta hacer huir al enemigo. Pero cuando los cristianos se regocijaban, se precipitó sobre ellos otro numeroso ejército musulmán, y ya parecía todo perdido cuando Ricardo, al grito de "¡Por San Jorge y por Inglaterra!", se lanzó sobre las filas enemigas y logró que los cruzados quedaran dueños del campo de batalla.

Después de esta victoria, Ricardo "Corazón de León" levantó el campamento y se dirigió a Jaffa. Esta marcha, emprendida en la estación más calurosa del año y además por el desierto de Siria, fue más mortífera que una batalla para los cristianos, atormentados por la sed y perseguidos sin cesar por los sarracenos, entre los cuales había muchos negros, a quienes los cruzados miraban como si fueran demonios. Sobre el árido desierto sin vegetación alguna, abrasados por el calor y sedientos, avanzaban los caballeros vestidos de forma poco adecuada para atravesar esos lugares.

Además de la cota de malla, con guanteletes y peto de acero, llevaban pendiente del cuello el escudo triangular. Cubrían su cabeza con un yelmo de visera, con barbera de malla que les cubría el cuello y hombros, tapando el espacio que dejaban descubierto el peto y el espaldavos. Calzaban borceguíes de cuero, y sus pies y piernas iban protegidas por una cota de malla. Del costado izquierdo llevaban pendiente una ancha espada de dos filos, con la empuñadura en forma de cruz. Sujeta a la silla y apoyada en el estribo, sostenían la larga lanza en cuya acerada punta flameaba su banderola o estandarte. El equipo del caballo era tan pesado y macizo como el del jinete. Las riendas eran cadenas aceradas, y de la silla iba sujeta la pesada maza de combate, a la que tanto temían los sarracenos.

Ricardo se había cansado de la constante hostigación de los musulmanes, así que resolvió combatir, y fue contra el enemigo, que se defendió con bravura.

Jacobo de Avesner, que mandaba el ala derecha, murió cuando volvía a la carga con sus tropas antes dispersadas. También el duque de Borgoña, que regía el ala izquierda, vio atacadas sus fuerzas por el flanco, siendo desbordadas por los sarracenos, y ya la batalla estaba decidida cuando Ricardo "Corazón de León", lanzando feroces gritos para alentar a los cruzados, se abalanzó contra los musulmanes y les arrebató la victoria. En este combate, Ricardo y Saladino lucharon frente a frente, y el caudillo sarraceno fue derribado del caballo por el rey inglés, salvándose gracias a su serenidad y rapidez.

Ricardo prosiguió la marcha hacia Ascalón y Jaffa. Los cruzados llegaron a Jaffa y se hicieron dueños de la ciudad, que poco antes habían evacuado los hombres de Saladino después de haber arruinado sus fortificaciones.

Durante su estancia en Jaffa, Ricardo estuvo a punto de ser víctima de su confianza porque llevado de su afición a la caza, se había alejado de la ciudad sin llevar consigo más que seis hombres. Atacado inesperadamente por una partida de sarracenos, ya se disponían a hacerlo prisionero cuando el caballero francés Despreux, que estaba con él, sacrificándose noblemente gritó en árabe a los enemigos:

—¡No me aprehendan! ¡Yo soy el rey!

Este ardid salvó a Ricardo, porque los sarracenos se precipitaron sobre el caballero francés.

Cuando Despreux fue llevado ante Saladino, confesó que había usurpado el nombre del rey para salvarló. Saladino elogió la fidelidad del caballero cristiano, y poco después Ricardo rescataba al noble prisionero a cambio de un rico emir que tenía apresado.

En muchos combates intervino Ricardo "Corazón de León", demostrando su extraordinario valor y su audacia sin igual. Su enorme espada de doble filo, imposible de manejar por otro que no tuviera su fuerza, se abatía mortalmente sobre los enemigos, a quienes de un solo tajo podía partir por la mitad. Pero así como su bravura, también era grande su nobleza.

Cierto día Ricardo vio que era atacado un pequeño grupo de caballeros cruzados que iban en busca de forraje para sus caballos. Al ver que estaban en peligro, requirió sus armas y saltando sobre su caballo le hundió las espuelas para galopar en dirección a ellos. Los que estaban con él, al ver el número de los sarracenos, temiendo por su vida le suplicaron:

—No se exponga a tan gran peligro y deje a esos caballeros a su suerte.

Tales palabras irritaron a Ricardo, que se volvió hacia ellos, diciéndoles:

—No sería digno de continuar siendo rey, si dejara morir a mis súbditos sin ayudarlos.

Sin esperar más, se precipitó hacia el enemigo y los caballeros que habían sido cercados. Los cristianos al ver llegar al rey Ricardo sintieron renacer su ánimo y pronto, con tan valiosa ayuda, se vieron libres de los sarracenos.

*

Mientras los cruzados pasaban el tiempo entre escaramuzas y diversiones, como olvidados de Jerusalén, Saladino obligaba a los cristianos que tenía prisioneros a construir sólidas murallas y fortalezas, para evitar que Ricardo pudiera apoderarse de la Ciudad Santa.

El ejército cruzado partió un día de Jaffa en dirección a la ciudad de Ascalón. Ricardo esperaba capturarla y apoderarse de los grandes fuertes que la rodeaban. Pero cuando el ejército llegó ante la ciudad, todos sintieron gran desencanto al contemplar las ruinas que habían dejado los musulmanes. Como Saladino no podía defenderla, en vez de intentar la resistencia, obligó a los suyos a destruir la ciudad, para que los cristianos no pudieran guarecerse allí.

Cuando Ricardo llegó a aquellas ruinas, se despojó de la armadura y empezó a cargar con grandes piedras para intentar reconstruir las derruidas murallas. Al verlo, caballeros y soldados imitaron el ejemplo del rey, y a poco la fortaleza se elevó de nuevo. Todo fue bien durante algunas horas, pero algunos nobles, cansados por tan pesado trabajo, empezaron a manifestar su descontento.

El primero en abandonarlo fue el envidioso Leopoldo de Austria.

—¿Por qué no trabajas? —le preguntó Ricardo.

El de Austria se volvió encolerizado, y con la voz cargada de rencor dijo con desprecio:

—Porque no soy albañil ni carpintero.

Pronto lo imitaron otros caballeros, quienes sentados miraban burlonamente a los que trabajaban junto a Ricardo. A punto estuvo el rey inglés de darles un escarmiento, pero deseoso de no romper la paz entre los cruzados, se contuvo.

Ya reconstruidas las murallas de la ciudad de Ascalón, los cruzados emprendieron la marcha hacia Jerusalén en medio de gran alegría, al ver que por fin iban a llegar al objeto principal de aquella expedición. Todas las tardes los heraldos recorrían el campamento cristiano gritando: "¡Acuérdense del Santo Sepulcro!... ¡Salven el Santo Sepulcro!"

Saladino se refugió en Jerusalén dispuesto a resistir el asedio. Por los mensajeros que a diario llegaban al campamento cristiano, se conocía el miedo que reinaba entre los sarracenos, y esto enardecía a los cruzados que seguían avanzando llenos de esperanzas.

Algunos días después, los cruzados llegaban a Rasula y a Betulia, desde donde se podían contemplar las enormes murallas de la Ciudad Santa. Aquellos días se celebraron grandes festejos para conmemorar el feliz acontecimiento, y poco después se dispusieron los cristianos al asedio de Jerusalén.

El rey Ricardo se hallaba descansando en su tienda cuando le fue anunciada la visita de un antiguo amigo suyo recién llegado de Europa. Lo recibió inmediatamente y cuando éste fue a arrodillarse a los pies del rey, se lo impidió y lo estrechó entre sus brazos, diciendo:

—¡Blondel de Nesle! ¡Bienvenido sea el rey de los trovadores!

Luego de contemplarlo con vivas muestras de satisfacción, le preguntó con interés:

—¿Qué me cuentas de mi reino?

El rostro de Blondel se tornó triste y con voz apagada respondió:

—Allí las cosas no marchan como debieran. Tu hermano Juan Sin Tierra y el rey Felipe Augusto de Francia se aprovechan de tu ausencia para intentar apoderarse del trono de Inglaterra.

—¡Maldita sea! —exclamó Ricardo, colérico—. ¿Cómo se atreve el rey de Francia a faltar a su juramento? ¿Y mi hermano? ¿Acaso no tiene bastante con lo que le regalé generosamente?

Y mientras se paseaba por la tienda como una fiera enjaulada, siguió diciendo:

—Lo que pasa es que creen que no voy a regresar. ¡Pero tan pronto como caiga Jerusalén van a conocer esos traidores quién es Ricardo de Inglaterra!

Blondel informó a Ricardo de cuanto ocurría en Europa, y pasaron bastante tiempo conversando hasta que el rey, para celebrar la llegada de su buen amigo, anunció a sus cortesanos que aquella noche daría una fiesta en su tienda.

Antes de empezar la velada llegó la reina doña Berenguela acompañada de sus damas, y Blondel hizo gala de su ingenio cantando y recitando composiciones. El propio rey acompañó al trovador en la canción que habían compuesto juntos en sus años mozos. Entre aplausos y la alegría de todos terminó la fiesta. Sin embargo, en el rostro de Ricardo se adivinaba la preocupación, nacida seguramente de las noticias que Blondel le había traído.

*

Para conquistar Jerusalén era menester sufrir un prolongado asedio, ya que Saladino había tomado las medidas necesarias para resistir los ataques de los cristianos. En el campamento de los cruzados empezaban a escasear los víveres, y las continuas lluvias hacían intransitables los caminos, interceptando el avance de los convoyes. Estos inconvenientes menguaron el entusiasmo de los cristianos, divididos, además, por infinidad de rivalidades.

Ante Ricardo se presentaban estos obstáculos difíciles de superar, y para vencer los rigores de la estación y la falta de víveres, utilizaba remedios extremos que sólo ponía en práctica en los momentos de apuro. Eran muchas las caravanas musulmanas que acudían a la Ciudad Santa con provisiones, y aunque iban fuertemente protegidas, no les era difícil a los cristianos apoderarse de los cargamentos.

Lo que irritaba a Ricardo y le hacía perder el ánimo era ver cómo los barones y los caballeros se negaban a obedecer a jefe distinto de aquel cuya bandera seguían. Y aunque el rey de Inglaterra tuviese en apariencia el mando supremo, nada podía hacer sin antes comunicar sus planes a los otros jefes, quienes contrariaban o impedían su ejecución.

Guido de Lusignan y Conrado de Montferrato aspiraban al trono de Jerusalén, y al verse cerca de conseguir lo que anhelaban, recrudecieron las discordias, poniendo en peligro la paz entre los cruzados.

Conrado, que era señor de Tiro, cometió la imprudencia de indisponerse con el jefe de los ismaelitas, a quien los cruzados llamaban "el Viejo de la Montaña", por razón del lugar en que residía. Este hombre era una mezcla de príncipe y de profeta, y ejercía una autoridad omnímoda sobre sus numerosos partidarios, a los que había logrado persuadir que el asesinato era una obra meritoria cuando lo ordenaba el cielo, y en este caso concreto él.

De esta forma y por su indicación perecieron algunos príncipes musulmanes a manos de aquellos salvajes ismaelitas que obedecían ciegamente al "Viejo de la Montaña".

Ricardo reconoció como rey de Jerusalén a Conrado, marqués de Montferrato, ofreciendo a Guido la soberanía de Chipre, que sus armas habían conquistado anteriormente.

Para celebrar esta elección se realizó una gran fiesta, pero cuando ésta tocaba a su fin, se presentaron ante el nuevo rey de Jerusalén dos desconocidos portadores de un importante mensaje. Uno de ellos, al tiempo que entregaba una carta a Conrado, sacó un puñal hiriéndole mortalmente mientras decía:

—¡No serás marqués, ni rey!

Los desconocidos aprovecharon la confusión para huir hacia las montañas, sin que nadie consiguiera alcanzarlos.

Muerto Conrado, Ricardo pasó algún tiempo pensando lo que más convenía hacer, hasta que por fin casó a su sobrino Enrique, conde de Champagne, con la viuda del rey asesinado, que le trajo en dote los derechos al trono de Judea.

Esto no logró complacer a los alemanes, franceses e italianos, que ante el asombro de todos manifestaron su intención de retirarse de la Cruzada.

Ricardo comprendió que aquello obedecía a oscuras órdenes secretas que los caballeros recibían del rey de Francia, ya que entre los inconformes figuraban el duque de Borgoña y Leopoldo de Austria.

El rey inglés quería participar en la gloriosa empresa de conquistar Jerusalén, pero entre los que le rodeaban había algunos que incesantemente le instaban a que abandonara Tierra Santa. Ricardo "Corazón de León" prestaba oído a sus palabras y vacilaba acerca de lo que debía hacer.

Al enterarse Ricardo que en Tolemaida había guerra entre los paisanos y los genoveses, amargado por el abandono de que le hacían objeto los secuaces del rey de Francia y deseoso de volver a Inglaterra para castigar a los que le habían traicionado, miró apesadumbrado hacia Jerusalén y decidió la partida.

Sin embargo, antes consultó con cinco señores francos, cinco templarios, cinco hospitalarios y cinco caballeros ingleses, para decidir si convenía asaltar Jerusalén, sitiar a Damasco o marchar hacia Egipto.

Prevaleció la última proposición, pero terminaron tan disgustados y desunidos ingleses y franceses que poco después estos últimos partían hacia su tierra, arrastrando consigo a gran número de caballeros, entre los que figuraba Leopoldo de Austria.

Así, pues, Ricardo comprendió que había perdido la estimación de buena parte de sus tropas. Esto le descorazonó, máxime al ver la irritación de sus hombres cuando lo vieron que abandonaba su empresa marchando en dirección al mar.

Tan pronto como Saladino supo de la retirada de los cristianos, aprovechó para asaltar la ciudad de Jaffa, cuyos habitantes, refugiados en la ciudadela, pactaron con el caudillo musulmán rendirse si dentro de un plazo señalado no recibían ayuda.

Convencido el sarraceno de la impotencia del ejército cristiano accedió a lo que le pedían los sitiados, a fin de evitar un inútil derramamiento de sangre.

Pero cuando Ricardo tuvo noticia de este hecho, mandó a las tropas que se pusieran en marcha, mientras él, seguido por algunas galeras, se embarcó para llegar más rápido en auxilio de los sitiados.

Poco antes de que los navíos entraran en el puerto, los sarracenos se apoderaron de la ciudad. Al notarlo, Ricardo, llevado de un enardecimiento extraordinario, sin esperar a que su barco anclara, se echó al agua empuñando las armas, dirigiéndose hacia el enemigo que guarnecía la plaza. Algunos de sus compañeros le recomendaron que esperara al ejército, pero él les contestó: "¡La maldición de Dios caiga sobre la cabeza de los que se nieguen a seguirme!"

Seguido por sus valientes compañeros, se precipitó sobre los sorprendidos sarracenos, que al ver semejante audacia levantaron el sitio, y los cruzados entraron victoriosos en la ciudad. Los sitiados recibieron con vítores a sus libertadores, y en pocos días se reunieron en Jaffa cincuenta y cinco caballeros y unos dos mil infantes, en espera de que llegaran pronto las tropas que avanzaban por tierra hacia la ciudad procedentes de San Juan de Acre.

La gente de Saladino había huido al ver el valor de Ricardo, y desde las montañas cercanas vigilaban esperando el momento propicio para caer sobre los cristianos y arrebatarles la ciudad otra vez.

Ricardo "Corazón de León" había acampado sus fuerzas delante de las puertas de la ciudad, y esperó atrevidamente al enemigo. Tres días después, y con las primeras luces del alba, los sarracenos se lanzaron al ataque.

El ejército de los sarracenos se precipitó contra los cristianos. Siete divisiones de caballería atacaron repetidamente; pero siempre fueron rechazadas por los ingleses, cuyos arqueros les hicieron sufrir pérdidas considerables.

Las trompetas resonaban con acordes bélicos y las banderas ondeaban al viento. Los constantes ataques de las tropas de Saladino, demostraban el interés que tenían por vencer al pequeño grupo de guerreros que capitaneaba Ricardo. Como el número de atacantes era infinitamente superior al de los cristianos, no tardaron en cercarlos, poniéndolos en grave peligro.

En ese momento, Ricardo, con su enorme espada en la mano y seguido de sus mejores caballeros, se abalanzó como una tromba sobre los escuadrones enemigos, consiguiendo desbaratarlos. La victoria iba tras él y nada parecía ser capaz de contener su avance arrollador.

Los cristianos apenas podían creer que su rey perteneciera al género humano, porque donde la pelea era más reñida, Ricardo "Corazón de León" parecía surgir del suelo, montado en su brioso corcel, blandiendo su temible espada.

También los sarracenos estaban admirados de su intrepidez y al verlo experimentaban tal pavor que huían aterrados.

En una ocasión, Ricardo desapareció en medio de la inmensa muchedumbre de sarracenos, y los cristianos temieron por su caudillo. Pero de pronto apareció Ricardo atravesando las filas enemigas a golpe de espada, montado en un caballo que no era el suyo. Éste había caído muerto, y al observarlo Saphaeddin, hermano de Saladino, admirado de semejante valor le envió dos caballos árabes, reconociendo que no era digno de él permitir que tan valeroso guerrero combatiera a pie.

Aquel día Ricardo "Corazón de León" se extralimitó, ya que sin más compañía que su invencible espada, se abrió camino entre los sarracenos, que tenían rodeados al conde de Essex y a Rodulfo de Mauleón, y los arrancó de sus manos, causando admiración y terror entre sus enemigos que al verlo se dispersaron asustados.

Los cruzados resultaron victoriosos, pero cuando volvían al campamento se encontraron con la desagradable sorpresa de que el enemigo había entrado en la ciudad.

—¿Qué haremos ahora? —preguntó un caballero inglés.

—Volver a empezar —contestó secamente Ricardo.

Y empuñando la espada se lanzó furiosamente contra el enemigo, seguido de cerca por sus hombres.

Dura y larga había sido la jornada, pero el ánimo de los combatientes cristianos era excelente y estaban enardecidos. Trabado nuevamente el combate pronto los cruzados derrotaron a los sarracenos, quedando otra vez dueños de Jaffa. Al terminar el combate se miraron asombrados, pareciéndoles imposible haber conseguido tan gran victoria. En la llanura había centenares de sarracenos muertos y heridos, mientras que los cristianos habían perdido sólo a un caballero.

Saladino no quería concertar la paz con los cristianos, pues su deseo era arrojarlos del país, pero temeroso de que Ricardo cambiara de parecer y decidiera dirigirse de nuevo hacia Jerusalén, persuadido por sus consejeros, propuso la paz al rey inglés. Como Ricardo tenía prisa por regresar a Inglaterra, aceptó el armisticio que le proponía Saladino, celebrándose éste con gran solemnidad el 1o. de septiembre de 1192.

El ejército cristiano, al mando de Ricardo de Inglaterra, llegó al lugar fijado para establecer las condiciones de paz. Allí había un grandioso campamento musulmán. Tan pronto como Saladino divisó al héroe cristiano avanzó hacia él y, después de una reverencia, le dio un abrazo de bienvenida con tanto afecto como si hubiera sido su hermano.

El sultán condujo al rey y a uno de sus lugartenientes a un espléndido y regio pabellón. Ambos caudillos se despojaron de sus capas, y dejaron ver el marcado contraste de sus figuras.

Ricardo era un hombre recio, de elevada estatura, piel blanca tostada por el sol, ojos azules y cabellos rubios. Su ajustado traje destacaba más sus movimientos atléticos y elegantes.

Saladino, en cambio, tenía unas cuantas pulgadas menos que el rey inglés. La delgadez de sus brazos y piernas corrían parejas con su cuerpo. Tenía la nariz recta y fina, los ojos profundos y brillantes, y sus dientes brillaban como el marfil. Su rostro estaba adornado con una negra y rizada barba.

Más tarde entraron en la tienda los embajadores musulmanes y cristianos, y dieron comienzo las conversaciones para el armisticio... Para que los pactos fueran igualmente sagrados para y otra parte, fueron convenidos sobre la Biblia y el Corán, que es tan sagrado para los musulamnes como la Biblia para los cristianos.

Se concertó una tregua de tres años, tres meses, tres semanas, tres días y tres horas, en conmemoración de la Santísima Trinidad. Durante este tiempo los cristianos permanecerían en posesión de la estrecha faja de terreno o playa que se extiende desde Tiro hasta Jaffa.

Ascalón, Gaza y Daroun debían ser demolidas. Sobre la restitución de la Santa Cruz y de los prisioneros, Ricardo no consiguió nada. Ambos jefes juraron ante los libros sagrados y después de abrazarse dieron por hecho el armisticio.

Así terminó aquella Cruzada, sin más resultado que aumentar la gloria de Ricardo, pero sin que produjese fruto alguno a los intereses de la Cristiandad.

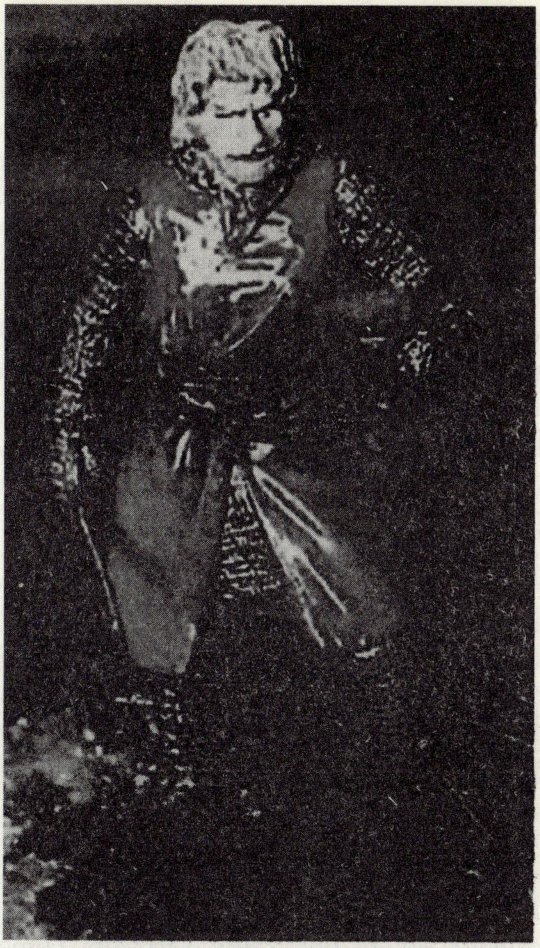

Figura representativa
de Ricardo Corazón de León.

La paz fue festejada por cristianos y musulmanes, y algunos cruzados fueron a visitar el Santo Sepulcro, el cual no habían logrado conquistar. Ricardo y sus hombres convivieron varios días en el campamento de Saladino, participando de los festejos que se llevaron a cabo.

Ricardo propuso a Saladino competir entre ellos, pero el sultán le contestó que luchando contra la Cristiandad podía esperar que Alá diera fuerza a su brazo, o que si caía bajo la espada de Ricardo, sería una muerte gloriosa, pero que luchar en un torneo era como tentar a Alá, y no podía, ni debía intentarlo. Sin embargo, le dio a Ricardo la oportunidad de demostrar su destreza combatiendo contra su hermano Saphaeddin.

Se dispuso que el torneo se celebrara a la caída del sol. En el centro del terreno se había alzado el regio sitial de Saladino, desde donde éste presenciaría el combate.

Al llegar el momento, sonaron las trompetas, y Ricardo y el hermano de Saladino hicieron su entrada en la palestra. El rey de Inglaterra iba armado de pies a cabeza. De su cuello pendía el escudo triangular y de su costado la enorme espada. También la pesada maza de acero colgaba de la silla de su caballo. En la diestra sujetaba la lanza, en cuya punta ondeaba su banderola.

El sarraceno, en cambio, montado sobre un rápido caballo árabe, se cubría con el clásico turbante y lucía un magnífico caftán verde. Una afilada cimitarra colgaba de su costado y en la mano sujetaba una larga lanza de acerada punta. Un escudo redondo pendía de su cuello.

A una señal dada por Saladino sonaron las trompetas y los adversarios se dispusieron al ataque. Ambos tenían agarradas sus lanzas con la diestra, mientras se cubrían con el escudo sujeto con la izquierda. El sarraceno comenzó entonces con gran destreza a dar rápidas vueltas alrededor de Ricardo, el cual girando a su vez presentaba siempre la cara al enemigo.

El hermano de Saladino manejaba el escudo redondo de piel de rinoceronte, guarnecido de chapas de plata, que llevaba al brazo, moviéndolo de un lado a otro, a fin de oponer el pequeño círculo al ataque de una lanza del rey de Inglaterra.

Éste, conocedor de las costumbres de los guerreros orientales, no quería cansar a su caballo con carreras inútiles, y por ello paró en seco y esperó el ataque del musulmán.

El infiel se lanzó como un huracán sobre el caballero cristiano, agitando su lanza sobre su cabeza, buscando el lugar donde clavarla, al tiempo que su escudo trataba de desviar la acometida del rey inglés.

El choque fue tremendo, y gracias a la pericia del musulmán, no fue arrancado de la silla por el tremendo lanzazo recibido en medio del escudo. Sin embargo, la lanza salió hecha astillas y Ricardo quedó con un trozo en la mano, mientras el sarraceno seguía blandiendo la suya.

Saphaeddin se alejó un centenar de yardas con el fin de acometer al galope a su adversario. En todo el campo se había hecho un silencio impresionante. Todos presentían la derrota del rey Ricardo. Pero cuando se esperaba que éste sacara su temible espada para defenderse, a falta de la lanza, lo vieron agarrar la pesada maza de acero y girarla sobre su cabeza con amenazadores molinetes. Y cuando el sarraceno se encontró a tiro, Ricardo le arrojó la maza con tal acierto que el hermano de Saladino tuvo tan sólo el tiempo justo de interponer su escudo para no ser herido en la cabeza. El fuerte golpe hizo chocar el círculo protector contra su turbante y, pese a que el mazazo fue amortiguado, la violencia del mismo lo hizo caer del caballo.

Ricardo saltó de su montura y con la espada en la mano corrió junto al tendido cuerpo del musulmán, sobre el que puso el pie, apoyando la punta del acero en el cuello del vencido.

Una ovación atronadora acogió la victoria de Ricardo Corazón de León, quien ayudó a levantar al derrotado y juntos se encaminaron hacia donde estaba Saladino, que recibió al vencedor con una sonrisa forzada.

Al día siguiente, Ricardo, al frente de sus huestes, abandonó el campamento del sultán, dispuesto a dirigirse cuanto antes a Inglaterra. En el momento de marchar de Tierra

Santa, sintió un grandísimo pesar, como si el corazón se le oprimiera por la pena.

En el momento de embarcar se hallaba indispuesto, resintiéndose bastante de su salud. Las fiebres sufridas le habían dejado algunas pequeñas complicaciones que con frecuencia lo atormentaban.

El día de su partida de Tierra Santa fue el 9 de octubre de 1192. Otras naves que llevaban a bordo a su esposa doña Berenguela, a su hermana Juana y a la princesa de Chipre, se dirigieron rumbo a Sicilia, adonde arribaron felizmente.

Como Ricardo no quería atravesar Francia, resolvió dar la vuelta por Italia y Alemania, y acompañado por una comitiva de escasamente veinte personas, se lanzó en una galera a la aventura, mientras en el puerto de Tolemaida le decían adiós llorando el resto de sus hombres.

El término de aquella tercera Cruzada, que finalizaba con la marcha de Palestina del heroico Ricardo "Corazón de León", señaló también el fin del poderío de Saladino, quien cinco meses más tarde fallecía.

Tanto crédito tenía la Caballería en esta época, que el mismo Saladino quiso recibir esta Orden gloriosa, a la cual era merecedor por su valor y cortesía, igualando a los mejores caballeros cristianos.

Saladino vestía sencillamente, sólo bebía agua, oraba con exactitud a las horas señaladas y sentía no poder ir a la Meca en peregrinación. Estudiaba el Corán. Se mostraba sumamente celoso de la justicia, y cuando no se trataba de adquirir un reino ni de proteger la religión musulmana, era dulce y humano.

Cuando murió, a los 57 años de edad, Ricardo no había llegado a Inglaterra. Saladino no dejó ni palacio, ni jardín, ni propiedad alguna. Por tesoro sólo tenía cuarenta y siete monedas de plata y una de oro.

Capítulo 6

El cautiverio del rey Ricardo

El rey Ricardo llevaba un mes navegando, pero perseguido por vientos contrarios la galera llegó a Corfú, de donde debía trasladarse con su comitiva a Ragusa. Sin embargo, la nave fue arrastrada por una tempestad y naufragó cerca de Aquilea. Temeroso de ser reconocido, se disfrazó de peregrino unas veces y otras de mercader para ir a sus Estados atravesando Alemania.

Al llegar a Goritz, comarca que pertenecía al conde Maynard, el rey inglés solicitó permiso para atravesar esos territorios, y mandó para pedir dicha autorización a uno de sus escuderos, dándole una sortija para ofrecerla al conde. Pero el conde Maynard era amigo de uno de los adversarios de Ricardo, y estaba enterado de muchos de los acontecimientos ocurridos en la tercera Cruzada.

Cuando el escudero ofreció la hermosa joya a cambio de un pasaporte para dos peregrinos que venían de Jerusalén, el conde comprendió que sólo podía pertenecer al rey Ricardo Corazón de León, y tan pronto como salió el escudero del castillo, Maynard dio orden de capturar al falso mercader.

El escudero y siete de los compañeros de Ricardo fueron capturados, pero el rey inglés, avisado con tiempo, pudo escapar vestido de peregrino, seguido por un caballero y por un muchacho que le servía de intérprete.

Caminando de día y de noche, sin detenerse y rehuyendo las salidas y caminos, al cuarto día llegaron a uno de los arrabales de Viena.

Lo sucedido antes no le había servido de lección al rey Ricardo, porque a pesar de vestir en forma humilde, no se quitó del dedo la magnífica sortija, y para efectuar las compras mandaba a su escudero con una bolsa llena de monedas de oro de Tierra Santa. El muchacho se vanagloriaba de ello y mostraba las monedas a cuantos querían verlas. Así, pronto llamó la atención de las personas el dinero que llevaba. El muchacho se dio cuenta de su torpeza cuando ya era demasiado tarde, y corriendo fue a prevenir a su amo, pero Ricardo estaba tan fatigado, que no pudo continuar el viaje. Había enfermado, y aquellos días la fiebre lo tenía postrado.

A la mañana siguiente, cuando el muchacho fue al mercado para hacer las compras, varios soldados lo agarraron, y a pesar de su negativa a declarar, ya en el tormento, terminó por confesar el paradero del rey de Inglaterra.

Más tarde, la soldadesca llegaba a la casa donde se escondía Ricardo, y con malos modos intentaron someterlo. Pero éste, empuñando la espada, los tuvo a raya, gritando que sólo se rendiría a su jefe.

Uno de los soldados salió corriendo y momentos después se presentaba el que había ordenado la detención. Era nada menos que Leopoldo, duque de Austria. Ricardo quiso abalanzarse contra él, pero luego arrojó la espada abatido por su desgracia y sólo exclamó con infinito desprecio: "¡Miserable traidor!"

Los soldados apresaron al infeliz monarca, y sin inquietarse lo más mínimo por la tregua de Dios, Leopoldo ordenó que lo encerraran en el castillo de Tierenstein, bajo la custodia del barón Hadamar de Cunring.

Muy pronto se supo la triste suerte del rey Ricardo, y al saberlo el emperador de Alemania, Enrique VI, reclamó a Leopoldo su inmediata entrega. Pero éste quería cobrar un rescate, y sólo cuando le entregaron sesenta mil marcos accedió a ceder a su prisionero, que pasó cautivo al castillo de Trifels, donde el emperador alemán le hizo sufrir una esclavitud rigurosa.

*

Mientras Ricardo Corazón de León permanecía cautivo del emperador de Alemania, el pueblo de Inglaterra tenía ardientes deseos de ver a su rey, cuyo regreso conocía. Era inexplicable su tardanza. ¿Dónde estaba?

Al poco tiempo se corrió la noticia de su cautiverio, pero nadie sabía en dónde estaba.

El reino era víctima de los disturbios causados por la rivalidad de los dos regentes, a quienes Ricardo confió el Gobierno cuando partió hacia Tierra Santa.

Guillermo de Longchamps, obispo de Ely y legado del Papa en Inglaterra y Escocia, como gran canciller del reino, quiso enriquecerse junto con sus partidarios. Apresó a su compañero, el obispo de Durham, y en su audacia llegó hasta el punto de desobedecer las órdenes que Ricardo enviaba desde Palestina.

El obispo Guillermo hizo sufrir a todas las clases sociales la opresión más dura, sin perdonar al clero, a quien terminó por arruinar con los tributos que le impuso.

Lo acompañaban en sus viajes mil quinientos hombres, que saqueaban los monasterios y los pueblos, y a los que obligaba a hospedar a aquella turbulenta comitiva.

Pero aunque el poder del obispo parecía sólido, él no lo gozaba con tranquilidad, pues lo tenía en constante alarma el príncipe Juan Sin Tierra, quien iba disponiendo las cosas para apoderarse de la corona, ayudado por el insidioso Felipe Augusto de Francia.

Por otra parte, Arturo, duque de Bretaña e hijo de Godofredo, hermano mayor del príncipe Juan, tenía mayor derecho que él, y ya Ricardo había encargado al obispo regente que asegurase a su sobrino el apoyo del rey de Escocia.

Tan pronto como Juan tuvo noticia de este convenio secreto, resolvió derribar al regente, cuyos intentos contrariaban su ambición, y para ello reunió un consejo de prelados y barones, apoyándose en una orden de su hermano Ricardo remitida al arzobispo de Ruan en el momento de marchar de Sicilia.

Cuando se le avisó al obispo Guillermo de Longchamps para que se presentara, se negó a comparecer, alegando que todos los individuos del tribunal eran sus enemigos.

Entonces los dos partidos tomaron las armas, y al ver el regente que no podía con su adversario, hizo un tratado en virtud del cual se entregaban algunas fortalezas reales a los barones, para ponerlas en manos del príncipe Juan, en caso de morir Ricardo. Como esto favorecía a Juan, no le importó que el obispo continuara ejerciendo su autoridad, mientras él se dedicaba a preparar la subida al trono, convencido de que Ricardo no regresaría.

*

Mientras tanto, Ricardo permanecía prisionero, y se ganaba la simpatía de sus guardianes, a quienes admitía a su mesa y enseñaba cantares provenzales.

La historia de cómo se supo dónde estaba es extraordinaria. Sucedió que su amigo Blondel, el trovador, lo andaba buscando de pueblo en pueblo. Hasta que unos aldeanos que vivían cerca de un castillo le dijeron que tenían preso a un hombre cuyas señas coincidían con las del rey inglés.

Blondel quiso convencerse de que era Ricardo, así que se acercó al castillo y se colocó debajo de la torre. Luego empezó a cantar algunos versos de la canción que compuso junto con su amigo. De pronto se detuvo y aguardó con el corazón anhelante. Entonces, con gran alegría, oyó al monarca inglés que desde el interior del torreón continuaba el canto. De inmediato el trovador entró al servicio del comandante del castillo y, poco después, pudo ver a su amigo.

El trovador fue a Inglaterra e informó dónde estaba prisionero el rey Ricardo. Al saberlo la reina Leonor, pidió la intercesión del Papa, y los ruegos del Pontífice decidieron al emperador Enrique VI tomar una resolución definitiva.

Convocó en Haguenau una asamblea ante la cual compareció Ricardo Corazón de León cargado de cadenas como un criminal. Varios cargos se le hicieron, entre ellos el de haber apoyado a Tancredo, usurpador de Sicilia, cuya soberanía reclamaba Enrique VI; el haber derribado del trono a Isaac, pariente del emperador; ser el instigador de la muerte de Conrado de Montferrato; y haberse dejado corromper por el dinero de Saladino, a quien, con grave perjuicio para la Cristiandad, había entregado las ciudades de Gaza, Nazareth y Ascalón.

Ricardo rechazó con facilidad los primero cargos, y en cuanto al asesinato de Conrado, negó haber tomado parte en él, y ofreció sostener su inocencia con las armas.

Los amigos de Ricardo presentaron una carta del "Viejo de la Montaña", en la cual éste declaraba que él había hecho matar a Conrado. La elocuencia de Ricardo, inflamada con la ira y robustecida por el prestigio de su gloria, ganaron en su favor a los asistentes, que protestaron contra la conducta del emperador.

Movido Enrique VI por sus ruegos, y amenazado con la excomunión del Papa, negoció con Ricardo. El rey inglés prometió pagar ciento cincuenta mil marcos de plata, en dos partes. Pero como el emperador desconfiaba, exigió garantías, a las que Ricardo ofreció sesenta rehenes hasta la total satisfacción de las dos cantidades.

Para rescatar a su rey, Inglaterra entera contribuyó con entusiasmo. Fue preciso deshacerse hasta de los vasos sagrados, y como los cartujos no tenían, dieron lana a cambio, mientras los demás sectores se desprendían de la mayor parte de lo que poseían.

Avergonzado de su conducta, el emperador, como si quisiera recompensar a su prisionero, le dio públicamente la investidura del reino de Arles, al cual tenía Enrique VI antiguas pretensiones. Ricardo, por su parte, reconoció la soberanía del emperador, obligándose a darle un tributo anual de cinco mil marcos.

Sin embargo, tentado Enrique VI por los secretos ofrecimientos de Juan Sin Tierra y de Felipe Augusto de Francia, que le prometían una cantidad mayor que la estipulada para liberar a Ricardo, lo hubiera retenido si no intervienen los príncipes alemanes, quienes lo forzaron a soltar al rey inglés.

Todos los ingleses contribuyeron al rescate de su soberano, según la ley feudal, y la reina Leonor fue en persona para llevar el importe al emperador de Alemania.

Cuando Ricardo estuvo libre, se trasladó a Amberes para embarcarse, y el día 13 de marzo de 1194, dieciocho meses después de su salida de Tierra Santa, desembarcó en Landwich para dirigirse a Londres y hacerse cargo de su reino.

Capítulo 7

El misterioso "Caballero Negro"

El rey inglés hizo su regreso en secreto, y nadie sabía dónde andaba, lo que dio lugar a que se creyera que había sido asesinado. El rey Ricardo tenía muchos enemigos y no era difícil que alguno intentara eliminarlo, máxime sabiendo que al ocupar de nuevo el trono, exigiría responsabilidades a quienes en su ausencia habían abusado de su autoridad.

Como tardaba en llegar, casi todos dieron por segura la desaparición del valeroso rey. Pero Ricardo no había muerto. Con el rostro oculto bajo la celada, recorría el país para conocer su situación y saber quiénes eran los verdaderos culpables y los enemigos del trono. Quería, de ser posible, castigar con su propia mano a cuantos lo habían traicionado y, amparados en sus castillos, seguían haciendo de las suyas sin hacer caso de los mandatos del rey.

Antes de que alguien pudiera llevarle falsas informaciones, nacidas de la envidia y el odio, prefirió ocultar su regia personalidad y, como cualquier caballero, se dedicó a recorrer su reino, visitando castillos, interviniendo en torneos, defendiendo a los débiles y amparando a los necesitados, pero siempre sin descubrir su rostro ni decir su nombre.

Su hermano Juan y los nobles que lo apoyaban en su ambicioso deseo de apoderarse del trono, estaban intranquilos y nerviosos temiendo a cada momento ver aparecer al rey Ricardo exigiéndoles cuentas por sus desmanes.

Mientras tanto Ricardo, cubierto de negra armadura y montado en un poderoso caballo negro, con la faz velada, la enorme espada al cinto y la lanza apoyada en el estribo, iba de pueblo en pueblo acercándose cada vez más a Londres, donde ya muchos habían perdido la esperanza de volverlo a ver.

En las noches pedía asilo en algún castillo, o buscaba la quietud del bosque para descansar de sus fatigas. Pero nunca se alzó la celada. Nadie pudo saber quién era aquel misterioso caballero de robusta apariencia, a quien todos llamaban "El Caballero Negro".

Aquella incertidumbre hacía que la mayoría de los nobles miraran recelosos a cuantos se aproximaban a sus castillos en demanda de alimentos o de cobijo.

Por otra parte, los monteros capitaneados por el legendario Robin Hood, hacían de las suyas en los bosques, castigando las injusticias de los nobles tiranos, y todo ello creaba un clima de temor supersticioso que calaba muy hondo en el corazón de los culpables.

*

En aquella época los caballeros normandos se enriquecían a costa del oprimido pueblo inglés, agobiando con sus altos impuestos a los sufridos sajones, que vivían días terribles.

El pueblo también tenía que batallar con las bandas de forajidos desalmados que infestaban el país, robando las aldeas y desvalijando a los viajeros que se aventuraban a atravesar aquellos peligrosos lugares.

Ricardo Corazón de León, a medida que iba recorriendo el país, se enteraba de todos los desmanes. Hubo momentos en que se sintió tentado a castigar tales atropellos, pero el temor de darse a conocer lo detuvo.

Sin embargo, en medio de aquel caos, un hombre valeroso e intrépido, acompañado por unos pocos amigos, había emprendido la difícil y peligrosa tarea de castigar a los culpables de tantos abusos. Este hombre era Robin Hood, mejor conocido como Robin de los Bosques.

Robin era un joven esbelto y atlético, que poseía una audacia y valor extraordinarios, y manejaba las armas con una destreza incomparable. Siempre aparecía inesperadamente en los lugares donde los oprimidos necesitaban su ayuda, y casi nunca escapaban los culpables a sus terribles castigos.

El extenso y tupido bosque de Sherwood era su cuartel general, y en todos los alrededores sabían de su justicia y de su valor.

Will Scarlett, Little John, Watt Boisson, y algunos otros más, eran sus leales compañeros. Muy pronto su nombre se hizo popular en todas partes, y Robin pasó a ser un héroe, al que los buenos adoraban y los malos temían.

En cada lugar que visitaba Ricardo, le contaban alguna aventura de él con tal veneración y respeto, que hasta el monarca sintió vivos deseos de conocerlo.

Un atardecer llegó el rey al pequeño pueblo de Marslow, y pronto lo pusieron al corriente de lo que había pasado el día anterior.

—Los bandidos llegaron —le contó el posadero— y con amenazas y golpes empezaron a robar en las casas, apoderándose de todo aquello de valor que encontraban.

—¿Y la gente no se defendía? —preguntó Ricardo, interesado.

—No tenemos armas —replicó el posadero—, por eso los bandidos sólo se atreven con los indefensos como nosotros, pero si tienen que luchar con adversarios valientes, entonces huyen.

El posadero sirvió al rey Ricardo la cena que le había encargado y añadió:

—Por eso cuando apareció Robin con sus amigos, abandonaron todo lo robado y huyeron cobardemente seguidos de cerca por éstos. De no haber sido por Robin de los Bosques, aquí ya no quedaría nada de valor.

—¿Dónde vive Robin Hood? —inquirió Ricardo.

—Nadie lo sabe, señor —respondió el posadero, escanciando vino en el vaso de Ricardo—. Se dice que en el bosque de Sherwood.

El monarca, abstraído en sus pensamientos, continuó comiendo, sin darse cuenta de que el posadero lo miraba atentamente, como queriendo adivinar quién pudiera ser aquel caballero. Por su tipo presumía el aldeano que su huésped debía ser algún personaje importante.

A la mañana siguiente, cuando el rey Ricardo prosiguió la marcha, el posadero, despidiéndole desde la puerta, le recomendó:

—No se fíe Su Merced y vaya prevenido, porque estos malvados salen cuando menos se lo espera uno.

Cerca del mediodía llegó Ricardo a otra aldea, y encontró a los aldeanos atribulados.

—¿Qué ha pasado? —preguntó a un anciano.

—Los normandos vinieron y se llevaron prisioneros a todos los jóvenes del pueblo.

—¿Para qué? —insistió Ricardo.

—Hace tiempo —siguió diciendo el anciano— que los normandos, obedeciendo las órdenes del príncipe Juan, se llevan a todos los jóvenes sajones que pueden para formar un poderoso ejército y con él apoderarse del trono.

—¿Sabe usted el nombre de ese noble normando que se ha llevado a los jóvenes?

—Sí, se llama sir Robert de Gascoyne, y es uno de los que más ayudan al príncipe Juan para que traicione a su hermano.

Ricardo no pudo evitar un estremecimiento de rabia al oír el nombre del caballero normando. Pero deseoso de alejarse de la curiosidad, picó espuelas a su caballo y momentos más tarde cabalgaba ligero por los linderos de un pequeño bosque de robles y encinas.

Los temores que sentía respecto a su hermano, los iba viendo confirmados, y aquello lo indignaba y lo ponía colérico. De haberlo tenido enfrente en aquel momento, hubiera cometido una barbaridad. Pero luego, a medida que iba caminando, se impuso su serenidad, y cuando se dio cuenta ya estaba cerca de un castillo que parecía estar abandonado.

Al llegar cerca de la puerta hizo sonar el cuerno, y unos instantes después una voz, desde las almenas, preguntó:

—¿Quién va?

—Un caballero que viene de Tierra Santa y solicita asilo para esta noche —contestó Ricardo con fuerte voz.

Chirriaron las cadenas del puente levadizo y Ricardo entró en el patio del castillo, donde fue recibido por algunas personas.

—¿Quién es el dueño de este castillo? —preguntó Ricardo.

—Era sir Richard Stockton —le contestaron—; pero murió en la Cruzada ante los muros de Jerusalén y ahora lo habita su viuda.

Ricardo sintió un estremecimiento que recorría su cuerpo al oír el nombre del que fuera su amigo, y tanto le ayudara en Tierra Santa. Con la voz velada por la emoción, ordenó a los que le rodeaban:

—Llévenme adonde está la señora.

Llevaron a Ricardo ante una enlutada dama de mediana edad, en cuyo hermoso rostro se marcaban las señales de una infinita tristeza.

—Bienvenido a esta casa —dijo la señora con voz débil—. Aquí siempre son bien recibidos los que vienen de los Santos Lugares, donde murió mi esposo.

—Señora —repuso Ricardo—, me hago cargo de su desgracia y comparto su pena, porque tuve el gran honor de ser amigo de sir Richard Stockton, a quien ayudé a bien morir en Tierra Santa.

—¿Usted? —exclamó, juntando las manos, la ilustre dama—. Cuénteme cuanto sepa, por favor.

Entonces Ricardo refirió la heroica muerte que había tenido el dueño de aquel castillo, y cómo él lo había asistido en los últimos momentos.

—Dígame su nombre, señor, para que nunca pueda olvidar al que ayudó a mi querido esposo —dijo la señora en ademán de súplica, acercando sus blancas manos hacia el monarca.

Ricardo dirigió una mirada a su alrededor, como recelando que alguno de los presentes pudieran traicionarlo. Comprendiendo la dama, ordenó a sus servidores que se retiraran, y ya solos, dijo el rey:

—Soy Ricardo de Inglaterra.

—¡Oh! —exclamó la dama, intentando postrarse de rodillas a los pies del monarca—. Perdóneme, señor, que no lo haya reconocido.

Ricardo impidió gentilmente que la dama se hincara, y poco después ambos se hallaban conversando animadamente sobre los motivos de su viaje.

Fue entonces cuando la señora contó al rey lo que hacía pocos días le había pasado.

—El codicioso Rogers de Mowbray, conde de Nottingham —empezó diciendo la dama—, sabedor de mi desvalida situación, cayó por sorpresa sobre el castillo y me robó.

—¡Miserable! —exclamó Ricardo, apretando los puños con rabia.

—De nada valieron mis súplicas —siguió diciendo la viuda—; sólo logré evitar que prendiera fuego al castillo. ¡Tiene aterrorizados a todos los de estos contornos!

—Yo me encargaré de castigar sus desmanes —la consoló Ricardo—. ¡Hay demasiados como él!

Al amanecer siguiente, Ricardo salió del castillo, mientras la ilustre dama lo despedía desde un torreón, agitando un pañuelo blanco.

La mañana era tibia y una suave brisa hacía ondear el pendón en la punta de la lanza. Abstraído en sus pensamientos, el monarca dejaba caminar al caballo a su antojo.

Llevaba recorridas varias leguas, cuando de pronto oyó ruido de lucha. Los gritos se mezclaban con el metálico chocar de las armas, y todo ello producía un gran estrépito. Ricardo detuvo a su caballo, tomó el escudo con la mano izquierda y preparó la lanza en ristre con la mano derecha. Luego puso a su caballo en marcha, y al dar vuelta en un recodo del camino divisó a los combatientes.

La lucha era en un pequeño llano entre varios soldados, mandados por un caballero, y cuatro hombres armados de espadas que se defendían heroicamente para no ser apresados. De los cuatro hombres había uno, más alto que los demás, que combatía con un ardor admirable, haciendo frente él solo a cinco de sus enemigos, que parecían tener un especial empeño en capturarlo.

Sin embargo, la superioridad numérica de los soldados era tan considerable que, por mucho que se defendieran los cuatro amigos, se veía claramente que pronto serían derrotados.

Ricardo se hizo cargo enseguida de la situación, y atendiendo tan sólo a lo que su conciencia le dictaba de socorrer a los débiles, se bajó la visera, picó espuelas a su caballo y como una exhalación se lanzó contra los soldados gritando: "¡San Jorge por Inglaterra!"

Al ver aparecer aquel negro caballero, los combatientes quedaron suspensos un segundo, pero luego reanudaron la lucha con más ardor que antes. Cuando los cuatro amigos vieron que el desconocido caballero se ponía de parte de ellos, prorrumpieron en gritos de triunfo, y con un valor extraordinario acometieron a sus adversarios, que no sabían cómo defenderse.

Ricardo dio cuenta muy pronto de varios de los soldados, y cuando vio que los demás huían aterrados, quiso medir sus fuerzas con el caballero que los mandaba. Pero éste, asustado y reconociendo la superioridad del que se le venía encima, dio media vuelta a su caballo y escapó.

Cuando todo quedó tranquilo, Ricardo se reunió con los cuatro hombres a quienes había ayudado, que no sabían cómo demostrarle su gratitud.

—Señor, gracias a su ayuda nos vemos libres de ese miserable conde de Nottingham —dijo el más alto de ellos.

—He creído un deber —contestó Ricardo— ayudar a los que vi en inferioridad de condiciones. Y ahora, díganme, ¿quiénes son ustedes?

—Yo soy Robin Hood, y éstos mis amigos John, Will y Watt —respondió el que parecía el jefe.

Ricardo permaneció unos instantes contemplando a quien hablaba, y luego exclamó:

—¿Así que tú eres el famoso Robin de los Bosques? ¡Tenía muchas ganas de conocerte, para darte las gracias por cuanto haces en bien del país!

Entonces fueron Robin y sus amigos quienes se quedaron mirando atentamente al caballero que les había ayudado. Aquellas palabras habían despertado en ellos una sospecha, y por eso Robin, más decidido que los demás, se atrevió a decir:

—¿Acaso es usted el rey Ricardo Corazón de León?

—El mismo —contestó éste, alzándose la visera y sonriendo a los asombrados amigos.

Los cuatro hombres saltaron de sus caballos y se postraron de rodillas ante Ricardo, quien descendiendo también de su corcel los obligó a levantarse, diciéndoles:

—Levántense, buenos amigos. Ahora no soy el rey sino tan sólo un compañero suyo, que les vuelve a dar las gracias por su sacrificio en defensa de la justicia y de la paz de Inglaterra.

—Sólo hacemos lo que consideramos un deber, Majestad —dijo Robin, haciendo una leve inclinación de respeto.

—Y que yo sabré agradecer —agregó Ricardo, estrechando la mano de los cuatro amigos y disponiéndose a partir.

—¿Nos permite que lo acompañemos? —dijo Robin—. Estos lugares son peligrosos y no sería extraño que ese cobarde de Rogers de Mowbray intentara tenderle alguna trampa. ¡Nosotros ya lo conocemos tanto...!

Ricardo se encogió de hombros, dando a entender que aceptaba su compañía, y poco después los cinco hombres se ponían en marcha.

—¿A qué se debía esa lucha que sostenían cuando yo llegué? —preguntó de pronto Ricardo.

—Hace tiempo que el conde de Nottingham —contestó Robin— trata de controlarnos para evitar que castiguemos todos sus abusos y atropellos, y hoy estuvo a punto de conseguirlo de no haber sido por su oportuna intervención.

Conversando animadamente recorrieron varias leguas, y cuando ya los cuatro amigos comprendieron que el monarca no corría ningún peligro, le pidieron permiso para retirarse.

Ricardo les ofreció la mano, que ellos besaron respetuosamente, y al momento de partir les dijo:

—Pronto ocuparé de nuevo el trono de Inglaterra, y entonces tengan por seguro que no olvidaré a quien tan generosamente sabe defender a su patria de la codicia de traidores y malvados.

Ricardo continuó su marcha, y Robin y sus amigos se quedaron viendo cómo se alejaba por la senda el valeroso monarca. Luego montaron a caballo y como una exhalación partieron en dirección al espeso bosque.

Capítulo 8

Aparece el rey Ricardo Corazón de León

Cuando Felipe Augusto de Francia regresó de la Cruzada, olvidando los juramentos empeñados a Ricardo Corazón de León en Tierra Santa, comenzó a planear la manera en que él podría sacar partido de su ausencia. Lo primero que hizo fue ponerse en contacto con Juan Sin Tierra.

El hermano de Ricardo estaba decidido a todo para ocupar el trono de Inglaterra, así que se dirigió a París para aliarse con el rey francés y asegurar así su ayuda. Pero éste, para realizar la alianza y concederle la ayuda que pedía, puso algunas condiciones, que Juan no se atrevió a negar.

Le dijo que se casaría con su hermana Alicia y que debía cederle parte de la Normandía y otras posesiones. El príncipe Juan accedió a todo cuanto le pedía.

Con tan valioso aliado, Juan Sin Tierra empezó a apoderarse de castillos y fortalezas, mientras Felipe Augusto comenzaba la conquista de Normandía.

Juan fue repelido por los súbditos leales de Ricardo, quienes se opusieron a sus ambiciosos y traicioneros proyectos. Otros en cambio, convencidos de que el rey inglés no ocuparía ya el trono, se le unieron con la esperanza de conseguir los mejores puestos tan pronto éste fuera coronado.

*

Un día de septiembre de 1194, Juan Sin Tierra se reunió en su castillo con algunos de los barones que le ayudaban en sus ambiciosos proyectos. En esta reunión les pidió a sus aliados que recorrieran el país hasta encontrar a Ricardo.

Juan tenía la intención de eliminar a su hermano, lo cual necesitaba para ser rey de Inglaterra cuanto antes.

Más tarde, el grupo de nobles salía del castillo en sus respectivos caballos, y seguidos de sus secuaces se alejaron perdiéndose pronto en la espesura del bosque.

El país se hallaba infestado por diferentes bandas. Algunas estaban formadas por campesinos y monteros, cuyo principal fin era oponerse a la tiranía de los señores. Otras, en cambio, se dedicaban a la rapiña y en tiempo de guerra vendían sus servicios al mejor postor.

Por otra parte, como el país estaba dividido por las luchas políticas, algunos nobles se aprovechaban de aquella anómala situación para cometer toda serie de tropelías.

Así andaban las cosas en Inglaterra cuando, una mañana, un caballero cubierto por negra armadura y montado en negro y robusto corcel, cabalgaba por un espeso bosque de encinas. Llevaba alta la visera, pero con el barbiquejo subido, sólo se distinguía una parte de su cara.

De pronto, descubrió algo a lo lejos, y rápidamente se bajó la visera y embrazó la lanza, dispuesto a defenderse. Unos momentos después, cinco hombres armados con su lanza en ristre se lanzaron a galope contra él, deteniéndose a varios pasos.

—¿Quién es usted? —preguntó con voz altanera uno de los atacantes.

El Caballero Negro, al notar que los que le cerraban el paso llevaban el rostro cubierto por la celada, respondió, tratando de fingir la voz:

—Yo también deseo saber lo mismo de ustedes.

—Si no accede a mostrarnos el rostro por las buenas, lo hará por las malas —insistió el atacante desconocido.

Al oír estas amenazadoras palabras, los ojos del Caballero Negro despidieron rayos entre las barras de su visera, mientras sus dientes rechinaban de rabia. Con mano nerviosa apretó la empuñadura de la lanza, y con voz de trueno ordenó:

—Déjenme el paso libre o por San Jorge que no va a quedar ninguno de ustedes sano.

Los cinco caballeros hicieron retroceder a sus caballos distanciándose un poco del Caballero Negro, con intención de atacarlo más fácilmente, y de común acuerdo, sin más palabras, se lanzaron contra él.

Como si se hubieran estrellado contra una torre de bronce, dos de las lanzas de los atacantes se hicieron astillas, mientras que el Caballero Negro derribaba a uno de los desconocidos y se abalanzaba furioso contra los que habían quedado desarmados.

Entonces, uno de los atacantes, dirigiendo su lanza, no contra el jinete, sino contra el costado del caballo, hirió mortalmente al noble animal que se desplomó arrastrando al suelo en su caída al Caballero Negro, quien se levantó ágilmente y empuñó la espada.

Con la espalda apoyada contra el grueso tronco de una encina, el Caballero Negro se defendía valerosamente de los ataques de sus enemigos. Con sus terribles molinetes había puesto ya fuera de combate a dos de ellos, y sus fieras estocadas llenaban de pavor a sus atacantes.

De pronto, uno de ellos tomó la lanza, y con el caballo a galope se lanzó contra él, con intención de clavarlo al árbol de un lanzazo. La ira lo cegaba, y como no contaba con la destreza y el valor del Caballero Negro, su sorpresa fue grande cuando vio que su lanza se estrellaba contra el escudo y era partida al mismo tiempo de un fuerte tajo por la espada del atacado.

Un terrible golpe lo derribó del caballo, quedando en tierra sin sentido. Su acerada coraza había evitado que la espada del Caballero Negro lo partiera por la mitad, y aun así, la abolladura fue tan grande que al chocar con su cuerpo le hizo perder el sentido.

Los otros, al ver a dos de los suyos fuera de combate, volvieron grupas aterrados ante el valor del solitario caballero, y segundos después desaparecían entre la espesura del bosque.

En ese momento, cuando el Caballero Negro se disponía a ver el rostro de sus atacantes, un grupo de monteros armados con ballestas y espadas cortas, aparecieron como si hubieran brotado de la tierra. Los mandaba un joven alto y apuesto. Todos llevaban armas en la manos, dispuestas para atacar. Sin embargo, al llegar junto al Caballero Negro se detuvieron silenciosos y se quedaron mirando.

El Caballero Negro se sorprendió por la repentina aparición de aquellos hombres, pero luego, olvidándose de su presencia, arrancó sin muchos miramientos el yelmo del que yacía a sus pies, y al ver su rostro pálido, exclamó asombrado:

—¡Shelton! ¡Pero es posible que tú...!

Los ojos del Caballero Negro brillaron de indignación y por unos instantes permaneció contemplando asombrado al vencido que, ya vuelto en sí, reflejaba en su cara la vergüenza y el orgullo.

—Dime tu nombre —se atrevió a decir Shelton—, para que sepa quién me ha derrotado.

El Caballero Negro se alzó entonces la visera y dejó ver su rostro contraído por la ira.

—¡Ricardo Corazón de León! —exclamó Shelton, aterrado.

—Sí, soy el rey de Inglaterra que te perdona la vida, pero te ordeno que te apartes de mi vista y vayas a esconder tu infamia en tu castillo de Normandía.

Al oír estas palabras, los monteros, como subyugados, cayeron de rodillas, en señal de pleitesía a su rey, y asustados le pidieron perdón por sus faltas.

—Levántense —les dijo el rey—. Los perdono, pero procuren de ahora en adelante ser buenos vasallos y leales a mi causa.

Luego, dirigiéndose a Shelton, que a duras penas había logrado incorporarse, le ordenó:

—Toma tu caballo y antes de tres días quiero que salgas de Inglaterra. Si pasado ese plazo te encuentro en mi camino, conocerás el peso de mi justicia.

Ayudado por los monteros Shelton montó a caballo, y desarmado se alejó por aquellos vericuetos hasta perderse tras las robustas encinas.

Los monteros le dieron sepultura al otro atacante que había muerto, y más tarde, escoltaron al rey hasta llegar a los linderos del bosque.

Al atardecer, Ricardo de Inglaterra llegó ante una rica mansión flanqueada de torres y rodeada de un foso alimentado por el agua de un riachuelo. Ambas orillas estaban defendidas por fuertes y puntiagudas estacas, y un puente levadizo se levantaba en la entrada principal.

Ricardo hizo sonar la trompa que colgaba de la pared, e inmediatamente le respondieron los ladridos de los perros que había en el interior del edificio.

Momentos después, un guardia entraba en el espacioso salón para anunciar al dueño que un caballero de Tierra Santa pedía hospitalidad para aquella noche.

—Hazlo pasar y dile que Thomas De Vaux le da la bienvenida —ordenó el dueño sin moverse de su dosel.

El dueño de la casa, sir Thomas De Vaux, parecía abstraido en sus pensamientos mientras aguardaba la cena. Su robusto aspecto, aunque de estatura mediana, era el del hombre acostumbrado a la dura vida de la guerra.

El ruido que producía la armadura del recién llegado hizo levantar la cabeza de sir Thomas y mirar hacia la entrada por la que penetró la robusta figura de Ricardo Corazón de León. Éste venía sin yelmo, que llevaba en la mano, y con paso majestuoso avanzó hacia donde se encontraba el dueño de la mansión.

Debido quizá a la débil luz del salón, sir Thomas no reconoció al recién llegado y por eso permaneció en su sitial, pero tan pronto como Ricardo se aproximó un poco y el resplandor de las llamas de la chimenea le iluminaron el rostro, De Vaux, como impulsado por un resorte, saltó de su asiento y con una exclamación de asombro se postró de rodillas a los pies del monarca, diciendo:

—Señor, perdóneme por no haberlo reconocido.

—Levántate, mi buen amigo —le dijo Ricardo—, y ven a mis brazos para demostrarte la alegría que siento de volver a verte.

Ricardo y sir Thomas se abrazaron fuertemente, y después de tomar asiento entraron en conversación. La noticia de la llegada del rey se difundió pronto por todo el castillo, porque desde la entrada del salón algunas caras curiosas se asomaban, reflejándose en ellas la admiración y la alegría.

—¿Y dices que la reina se quedó en Sicilia? —preguntó el rey, siguiendo el hilo de la conversación.

—Sí, allí la dejé junto con su hermana Juana —contestó De Vaux—. Cuando me separé de usted en Tolemaida, las acompañé hasta la isla y luego me vine a Inglaterra con la esperanza de encontrarlo aquí. Pero pronto supe lo que le había ocurrido con el traidor Leopoldo de Austria y ya desde entonces me encerré y no quise salir.

—¿También creías que había muerto? —preguntó Ricardo, sonriendo.

Sir Thomas no contestó, pero con la cabeza hizo movimientos aprobatorios. Se le veía emocionado y al mismo tiempo contento de estar de nuevo con su soberano, con quien tanto tiempo había estado en Tierra Santa.

—¿Y qué piensa hacer ahora? —le preguntó al rey—. Nadie sabe nada de usted, la mayoría cree que ha muerto.

—Pues ya ves que no —dijo Ricardo—. Así que ya puede prepararse mi hermano Juan y sus amigos, porque pienso darles el castigo que merecen por su traición.

Entonces Ricardo le contó lo que había ido viendo en su caminar por el reino. Lo que le había ocurrido aquella mañana y cómo había obligado a Shelton a salir del país.

—Este normando es uno de los que más han trabajado para colocar a su hermano Juan en el trono —le interrumpió De Vaux.

—Ya lo sé —dijo Ricardo—, como también que andan por toda Inglaterra buscándome con intención de matarme, porque saben que sólo así lograrán sus ambiciosos proyectos.

Mientras preparaban la cena, De Vaux acompañó a Ricardo a las habitaciones que había ordenado le prepararan, y Ricardo se despojó de la armadura y vistió unas ropas que, aunque algo cortas para él, le servían para descansar de la pesada vestimenta de acero que durante algunos días venía soportando.

De nuevo en el salón y mientras cenaban las sabrosas viandas que les iban sirviendo, los dos amigos reanudaron su interrumpida conversación.

—Mañana mismo —decía el rey—, saldremos para Londres, porque ya tengo ganas de ocupar el trono que me corresponde.

—¿Ya sabe lo que está haciendo Felipe Augusto de Francia? —preguntó De Vaux.

—Sí, ya lo sé —dijo con voz ronca Ricardo—. Ese perjuro, ayudado por mi hermano Juan, está tratando de apoderarse de Normandía; pero pronto van a saber quién es Ricardo de Inglaterra.

—Su hermano —añadió De Vaux— no repara en perder las posesiones del continente a cambio de poder ocupar el trono que quiere usurparle con la ayuda de Felipe. Por muchos de los peregrinos que pasan por aquí, he sabido la serie de traiciones y de atropellos que está cometiendo. ¡Es vergonzoso!

Terminando la cena acercaron sus sitiales a la chimenea y volvieron a hilvanar su interesante conversación:

—Otro de los que también se ha aprovechado de mi ausencia ha sido el obispo Longchamps —dijo Ricardo en voz baja—. Lo dejé como canciller mientras yo permaneciera en Tierra Santa, pero él por lo visto se ha valido del cargo para cometer toda clase de abusos.

—Este reino parece ahora como un rebaño sin pastor —interrumpió De Vaux—. Todo el mundo se cree con derecho a avasallar a los demás, aunque para ello tenga que cometer las mayores indignidades.

—¡Esta situación no puede continuar ni un momento más! —exclamó Ricardo.

Luego se levantó y empezó a pasear por la amplia estancia. Sir Thomas seguía sus pasos con la mirada, pero permaneció sentado junto al fuego.

—¿A qué hora partiremos mañana? —preguntó de pronto el rey.

—Cuando lo ordene —contestó De Vaux.

—Entonces al salir el sol nos pondremos en marcha —añadió Ricardo.

Momentos después en la mansión reinaba el más profundo silencio, y sólo en las torres que la guarnecían vigilaban unos soldados a los que el sueño rondaba con insistencia.

*

Desde mucho tiempo atrás se había considerado la Aquitania como extraña a los francos, y como el duque de estos territorios se encontraba con más poderío que los reyes de Francia, éstos querían tenerlo por aliado mejor que por enemigo.

Por tal motivo se concertó el matrimonio de Leonor con Luis VII de Francia, llevando aquélla de dote los dominios del último duque de Aquitania, es decir, de Guyena y de Gascuña.

Declarando más tarde nulo este compromiso, Leonor se casó con Enrique II de Inglaterra, y así el rey inglés se encontró en posesión, dentro del continente, del ducado de Normandía, de los ducados de Anjou, de Turena, del Maine y del señorío territorial de la Bretaña.

Sus dominios en Francia se extendían desde Nantes hasta los Pirineos, y los reyes franceses se vieron reducidos así a sus primeros y estrechos límites mientras veían engrandecerse a sus puertas a un rival, en quien los enemigos del país galo encontrarían un seguro aliado. A esto se debía aquella lucha tan larga y sangrienta que Inglaterra y Francia sostuvieron durante tanto tiempo.

Como ya hicimos notar, Felipe Augusto de Francia era un monarca hábil, dotado de gran paciencia y que no reparaba en los medios para conseguir sus propósitos. Al regresar de la Cruzada tuvo que enfrentarse con los nobles rebeldes, pero como no tenía la fuerza para combatirlos, decidió aguardar la ocasión propicia para someterlos.

En aquella época su reino contaba con los departamentos de Seine, Seine-et-Oise, Oise Loiret, Yonne y Cher. Tenía que luchar en este pequeño territorio con los señores de Chaumont, Clermont, de Montforte, de Montomorency, de Coucy, de Pinset y de varios otros. También tenía como vecinos temibles el condado de Flandes, más extenso, más poblado y más rico que la isla de Francia; las casas de Champaña y de Borgoña, que eran tan poderosas como la suya y, por último, el rey de Inglaterra, Ricardo Corazón de León, señor territorial de la Francia occidental.

Sin hacer caso del juramento hecho a Ricardo en el momento de partir de Tierra Santa, decidió apoyar las pretensiones de Juan Sin Tierra, que a toda costa quería apoderarse del trono de Inglaterra.

Y así fue como con el consentimiento de éste comenzó Felipe Augusto la conquista de Normandía. Pero el monarca francés no contaba con el regreso de Ricardo Corazón de León, ni en lo cara que iba a pagar esta traición.

Por eso al igual que hiciera Juan Sin Tierra, tan pronto como supo de la prisión del rey Ricardo, no vaciló en ofrecer al emperador de Alemania grandes riquezas para que no soltara al prisionero, porque presentía que si Ricardo regresaba, todos sus planes fracasarían.

Pero Ricardo ya estaba libre y se hallaba en su reino, dispuesto a ocupar el trono que tan infamemente trataban de arrebatarle.

*

En cuanto comenzó a amanecer, el patio de armas de la mansión de sir Thomas De Vaux se llenó de soldados y servidores que espectantes aguardaban la aparición de Ricardo Corazón de León.

Cuando los primeros rayos del sol iluminaron el patio, apareció en lo alto de la escalinata el rey, seguido de sir Thomas. El monarca llevaba colocada la armadura, pero con la cabeza al descubierto. Antes de descender contempló con mirada dominadora a cuantos había en el patio y luego, lentamente, empezó a bajar los escalones.

—¡Viva el rey de Inglaterra! —gritó uno de los soldados.

Un viva atronador y unánime resonó en el amplio patio. Ricardo sonrió complacido al oírles y alzando la mano con la que sostenía el yelmo, hizo un saludo a los que le vitoreaban.

De Vaux había preparado para el soberano un soberbio corcel, que un vasallo tenía sujeto por las riendas. El noble animal piafaba impaciente, haciendo sonar sus cascos sobre el pavimento.

Ricardo contempló con satisfacción al caballo y después de darle unas cariñosas palmadas en el cuello, se dispuso a montar. Un escudero recogió el yelmo, y el monarca, sin apoyar el pie en el estribo, de un ágil salto quedó montado en la silla ante el asombro de cuantos lo miraban.

Sonaron las trompetas, y poco después cruzaban el foso Ricardo de Inglaterra y sir Thomas De Vaux, a quienes seguían un numeroso acompañamiento de soldados y monteros.

Detrás del rey y de su acompañante iban unos escuderos llevando de la brida los caballos de batalla, armados como si fueran a entrar en combate y conduciendo sobre el arzón los yelmos y las mazas de los caballeros. Otros dos escuderos les seguían, llevando las lanzas de sus señores, de cuyas afiladas puntas colgaban los estandartes. En el del rey de Inglaterra se veía bordado en oro un fiero león. Además de la lanza, estos servidores portaban también los escudos triangulares de sus respectivos dueños.

Conforme avanzaba la real comitiva, se le iba agregando gran cantidad de monteros y campesinos salidos de los bosques y de aldeas por donde pasaban. Cuando el rey llegaba a las cercanías de algún castillo o población, ya lo estaban esperando para vitorearlo. El soberano sonreía agradecido a las sinceras manifestaciones de afecto, y sin detenerse seguía su camino, conversando animadamente con sir Thomas.

Sin embargo, en su camino también había mansiones cuyas puertas cerradas indicaban el disgusto que la aparición del rey había producido a su dueño.

Cuando ya llevaban recorridas varias millas, vieron venir hacia ellos una gran cantidad de caballeros armados de punta en blanco, seguidos de numerosas tropas.

La comitiva se detuvo a una orden del rey, y todos se dispusieron a tomar las armas para defenderse. Pero pronto quedaron desvanecidos sus temores, cuando al aproximarse fueron reconociendo en aquellos caballeros a los más fieles defensores del rey, quienes enterados de su regreso acudían a recibirlo y a ofrecerle su respeto y su ayuda.

Ricardo experimentó gran alegría al volver a encontrarse con ellos, y durante largo rato conversaron animadamente sobre los problemas que había en el país. Se pusieron en marcha hacia York formando un conjunto tan numeroso, que más que una comitiva parecía un ejército que fuera a combatir.

A media tarde, el rey Ricardo de Inglaterra hacía su entrada triunfal en la ciudad de York, donde todo el pueblo lo aguardaba para aclamarlo, enardecido y contento.

Varios partidarios de Juan Sin Tierra habían desaparecido. Otros, al ver perdida la causa del príncipe, trataban de conseguir un acercamiento con Ricardo, esperando que éste los admitiera, olvidando sus traiciones y su infame proceder.

La mayoría de los caballeros leales a la causa del rey, le aconsejaban que castigara severamente a quienes tan mal se habían portado, pero Ricardo, haciendo gala de su generosidad, les dijo:

—El león no ensangrienta sus uñas con las bestias rendidas. El remordimiento será el mejor castigo a sus villanías.

Y de esta forma Ricardo se granjeó pronto las simpatías de todos, aun las de aquellos que antes figuraban como sus más encarnizados enemigos.

Esta política del rey disgustó a varios caballeros, que sólo soñaban con vengarse de los ultrajes sufridos, pero muy pronto los convenció el monarca al asegurarles:

—Tengan paciencia. Primero desalojaré a las zorras que se habían instalado en la madriguera del león, y luego les aplicaré el castigo que merezcan por sus infamias.

Y en medio del fervor general, Ricardo Corazón de León volvió a ocupar el trono de Inglaterra, sin que nadie osara oponerse ni diera la menor muestra de descontento.

La reina Leonor fue la primera que acudió a recibir a su hijo. Desde que fuera a Alemania para llevar el rescate, no había vuelto a verlo, y su corazón de madre se vio atormentado por mil temores cuando Ricardo desapareció.

Al ver a su madre, Ricardo le preguntó el paradero de Juan, y la reina le respondió que estaba en Francia. Entonces Ricardo dijo que era un traidor al haberse aliado con el perjuro y miserable Felipe Augusto.

La reina no se atrevió a replicar al ver la justa indignación de su hijo. Tan sólo se acercó a él y amorosamente le preguntó:

—¿Qué piensas hacer ahora?

—Lo primero es hacerme coronar de nuevo —respondió Ricardo—. Así haré ver a todos los que querían aspirar al trono, que el verdadero rey soy yo.

—¿Y dónde te quieres coronar? ¿En Londres?

Ricardo dudó unos instantes antes de responder y luego contestó:

—En Winchester.

La llegada de algunos cortesanos interrumpió la conversación, y poco después la reina se retiró de la estancia para recluirse en sus habitaciones.

—¿Qué nuevas hay? —preguntó Ricardo a uno de los recién llegados.

—Tanto el clero como la nobleza están de parte suya y sólo esperan el momento oportuno para ofrecerle sus respetos —contestó éste.

—En ese caso preparen lo necesario para que dentro de dos días pueda celebrarse en Winchester la ceremonia de la coronación —ordenó el rey a los presentes.

Muy pronto la noticia corrió por todas partes y el pueblo se dispuso a festejar tan fausto acontecimiento. Todo era alegría, y tanto los aldeanos como los monteros y soldados, confraternizaban en las posadas y tabernas. Ante el castillo donde se hallaba hospedado el rey, había una enorme multitud en espera de ver al soberano.

De pronto alguien gritó:

—¡Viva el rey de Inglaterra!

Las miradas de todos convergieron en la puerta principal de la rica mansión y vieron aparecer a Ricardo, montado sobre un soberbio alazán y cubierto con un hermoso manto escarlata bordado en oro. Detrás de él iban la reina Leonor y un gran número de cortesanos y caballeros.

*

El día de la coronación se reunieron las familias más nobles del país, y normandos y sajones olvidaron sus discordias para servir a la causa del rey de Inglaterra. A partir de entonces los dos pueblos consideraron lo estéril de sus desavenencias y se mezclaron tan íntimamente, que pasaron a formar un solo pueblo y a hablar una sola lengua.

Al día siguiente de la coronación, Ricardo Corazón de León reunió un gran consejo al que acudieron los prelados y nobles más importantes del reino. En medio de una gran espectación, el soberano acusó de traidor a su hermano Juan, y lo convocó para que se presentara ante él en un plazo de 40 días. Luego citó a varios de los nobles que se habían unido al príncipe y los emplazó igualmente, para que comparecieran en la corte en el plazo señalado, para rendir cuentas de su conducta.

Como consecuencia de aquel consejo, varios nobles, humillados y vencidos, acudieron a postrarse a los pies de Ricardo de Inglaterra, para implorar un perdón que éste generosamente les otorgaba, si sus culpas no habían sido graves. Otros, en cambio, dominados por el orgullo, se encastillaron o huyeron a Francia para desde allí seguir luchando al lado del príncipe Juan.

Cuando Ricardo vio que su hermano Juan no obedecía la citación, ordenó que inmediatamente le fueran confiscados sus bienes y sus tierras, pasando todo a poder de la corona.

Y como viera que el rey de Francia continuaba intentando arrebatarle los Estados del continente, Ricardo decidió cortar aquel abuso mediante las armas.

Pero también en esta ocasión se encontró el monarca inglés con la falta del dinero necesario para emprender la campaña. Los judíos, que eran quienes se dedicaban a prestar usurariamente oro a las personas, y más que nada a los príncipes, se negaron a satisfacer las exigencias del soberano, temerosos de que éste no cumpliera los compromisos adquiridos, aun a pesar de exponerse a sus represalias.

Entonces Ricardo ideó la manera de proveerse de los fondos necesarios, y para ello lo primero que hizo fue reunir a todos aquellos a quienes antes de su partida a Tierra Santa les había vendido cargos y dignidades.

—Necesito —les dijo— que me ayuden, pues en caso contrario me veré obligado a desposeerlos de los empleos que un día les adjudiqué.

La mayor parte de los reunidos se mostraron reacios a entregar alguna cantidad, alegando:

—Los cargos de que disfrutamos son de nuestra propiedad.

—Sólo son simples préstamos —replicó el rey—, y es por ello por lo que voy a disponer la venta de los mismos y con lo que recaude les pagaré la cantidad que abonaron. Además, tengan presente que gracias a ellos han conseguido enriquecerse y lógico es que me ayuden ahora para salvar la integridad del país.

Muchos accedieron a pagar al rey la diferencia que se estipuló, pero otros se negaron, y el monarca los desposeyó de sus cargos y vendió éstos a otras personas, que los pagaron más caros.

Sin embargo, a pesar de las medidas tomadas, la cantidad recaudada no bastaba para satisfacer las necesidades más perentorias. Entonces reunió a sus consejeros y, de acuerdo con ellos, dio la siguiente orden:

> "Todos los propietarios de tierras pagarán dos chelines por cada cien acres de terreno que posean.
>
> "Igualmente, todos los hombres jóvenes se prepararán en el plazo de veinte días, para salir con el ejército hacia el continente".

Las proclamas de los prelados y las órdenes de los nobles a sus siervos levantaron una ola de entusiasmo por la expedición que se organizaba. Todos tenían una fe ciega en Ricardo, y esperaban que, tan pronto éste llegara a Francia, acabaría con los ambiciosos proyectos del rey Felipe Augusto.

También la reina Leonor aconsejaba a Ricardo que hiciera lo posible por recuperar las tierras de Aquitania.

Cuando ya todo estaba a punto para iniciar la expedición, nadie dudaba del éxito que le aguardaba al ver que era Ricardo Corazón de León quien iba al frente de ella.

En el puerto aguardaban ciento cuarenta naves para hacerse a la mar con dirección a Francia. El momento de la partida se acercaba y por todos los caminos se veían grupos de soldados encaminándose hacia donde tenían que embarcarse. Los emisarios del rey iban y venían veloces, llevando las órdenes a los distintos caballeros que lo acompañarían en la empresa.

Por fin, las tropas terminaron de embarcar, y después las naves partían hacia el continente para hacer la guerra al rey francés, Felipe Augusto.

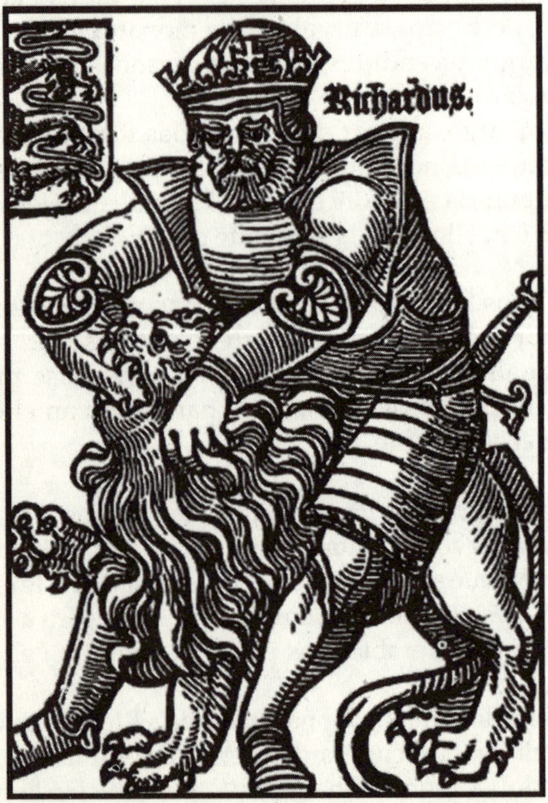

Grabado con la imagen de Ricardo Corazón de León.

Capítulo 9

La guerra contra Francia

Las naves inglesas llegaron a Francia, y nadie se opuso al desembarco de las tropas de Ricardo.

Acompañado por su madre y algunos caballeros, Ricardo llegó al castillo de Chalons, en la Normandía, y apenas había entrado en sus habitaciones, cuando uno de sus escuderos le anunció:

—Señor, el príncipe Juan le suplica que lo reciba en audiencia.

Ricardo hizo un gesto de desagrado y estuvo a punto de negarse a semejante petición, pero la llegada de su madre le hizo decir:

—Dile que aguarde en el salón, que ahora mismo iré.

La reina le sonrió agradecida, y viendo que iba a cambiarse de ropa salió de la habitación y corrió al encuentro de su hijo Juan, quien atribulado y triste, se encontraba ya en el salón.

Doña Leonor abrazó amorosa a su hijo, y durante unos instantes permanecieron silenciosos uno en brazos del otro. Repuesta ya de la emoción, la reina le dijo que implorara misericordia a su hermano, y que ella intercedería para conseguir el perdón.

—Ya sabes que él es muy generoso —agregó la reina—, pero también muy altivo, y sólo si te humillas conseguirás que olvide tus errores pasados.

—Madre —rogó el príncipe—, podrías estar en nuestra entrevista, pues con tu ayuda tengo la seguridad de obtener su perdón.

—Así lo haré, no te preocupes, hijo —le consoló la reina.

Poco después, el rey Ricardo, con lento andar y gesto adusto, entró en el salón y con mirada severa se quedó mirando a su hermano.

—¿Qué deseas de mí? ¿No tienes miedo a mi castigo? —le preguntó.

El príncipe, con los ojos inundados de lágrimas, corrió a postrarse de rodillas a los pies de su hermano, y con voz lastimera y débil, le suplicó:

—Te ruego que me perdones, porque quiero hacerme acreedor otra vez a tu afecto y tu confianza.

—¿Crees que puedo confiar en ti? —preguntó Ricardo, con acento de reproche.

—Ya sabes que Juan es bueno —intervino la reina—, pero sus consejeros y las malas compañías...

—Hubiera terminado con el reino y después conmigo, ¿verdad? —le interrumpió el rey.

—Es tu hermano, y yo te prometo que te será fiel y leal —insistió la reina, apoyando su petición con un tierno ademán.

Ricardo alzó a su hermano con sus fuertes brazos, y mirándolo fijamente a los ojos, le dijo con voz ronca:

—Por esta vez te perdono. Pero si otra vez hicieras lo que has hecho ahora, te prometo que te acordarás de mí.

—Te juro que no tendrás queja de mí —replicó el príncipe Juan.

—Así lo espero para bien de los dos —terminó diciendo Ricardo.

Luego abrazó a su hermano y a su madre, y ya más calmados los ánimos, se pusieron a conversar sobre los motivos que les habían llevado a Francia.

*

Por su parte, el príncipe Juan, deseoso de mostrar a su hermano la lealtad que le profesaba, no se le ocurrió otra cosa que cometer una indignidad infamante y sangrienta.

Traicionando a los que hasta entonces habían sido sus aliados, no sólo pensó en alejarse de ellos, sino que quiso acabar con todos. Para ello los invitó a una comida en el castillo de Evreux, y cuando más confiados estaban, ordenó a la soldadesca que tenía prevenida que los matara.

Cuando Ricardo tuvo noticia de semejante barbaridad, exclamó, vivamente apenado:

—Lo he perdonado, y espero olvidar sus desmanes, pero con la misma prontitud creo que él olvidará mi perdón.

*

Cuando las tropas inglesas entraron en acción, Ricardo recuperó todos los lugares y ventajas que había obtenido el rey de Francia, haciéndole desalojar las posesiones que había conquistado en Normandía.

Pero los franceses, sin querer darse por vencidos, presentaron batalla a las tropas del rey de Inglaterra, aunque después llegó un legado pontificio que con grandes esfuerzos consiguió concertar una tregua entre los reyes de Inglaterra y Francia.

Aprovechando esta tregua, Ricardo se dedicó durante algún tiempo a la caza, su deporte favorito, y por eso no era extraño verlo salir del castillo, acompañado de algunos caballeros y de numerosos monteros, en dirección a los bosques cercanos, en los que abundaban los osos y los jabalíes.

Esto llegó a oídos de algunos nobles franceses, y uno de esos días, quisieron sorprenderlo con el fin de apresarlo. Para ello se ocultaron entre la espesura del bosque y aguardaron pacientemente a que la suerte favoreciera sus designios.

Muy pronto los ladridos de los perros anunciaron la llegada de los cazadores, que se distribuyeron estratégicamente por los lugares más apropiados para el paso de la caza. Los cuernos resonaron por los barrancos y enseguida algunas piezas aparecieron entre la maleza con gran estruendo de ramas rotas.

Ricardo vio llegar un enorme jabalí y con la ballesta le disparó una flecha que hirió ligeramente al animal. Con un feroz gruñido, la bestia dio media vuelta y corrió a refugiarse en la espesura. Pero Ricardo, montando a caballo, salió al galope detrás del jabalí herido, alejándose de sus compañeros.

Con la ballesta en la mano y pronta a disparar, el monarca continuó galopando, siguiendo la pista que iba dejando el animal, sin reparar en lo mucho que se alejaba de sus acompañantes.

De repente, los caballeros que le acechaban salieron de entre la espesura, y con las espadas en la mano se abalanzaron contra Ricardo. Éste, no comprendió de inmediato las intenciones de sus agresores, pero cuando se dio cuenta del propósito que abrigaban de capturarlo, desenvainó su espada y con un valor sin igual arremetió contra los atacantes.

Se defendió con tal coraje, y tan temibles eran sus mandobles, que dejando a dos en tierra, los demás huyeron cobardemente sin entretenerse en auxiliar a sus compañeros derribados.

Los gritos que daba Ricardo, enardecido por aquel inesperado combate, atrajeron la atención de sus acompañantes, quienes no tardaron en acudir, temerosos de que le hubiera ocurrido alguna desgracia al rey.

—¿Qué ha pasado? —preguntó inquieto uno de sus caballeros.

—Nada —contestó Ricardo secándose el sudor que le corría por la frente, tratando de quitar importancia a lo ocurrido—. Unos cuantos franceses me han atacado por sorpresa pero he logrado ponerlos en fuga, menos a éstos que aquí ven, a los que mi espada les ha hecho morder el polvo de la derrota.

—¿Y con éstos, qué hacemos? —preguntó uno.

—Primero, atender sus heridas, y luego los llevaremos al castillo, como rehenes.

Más tarde, el asombro de cuantos les vieron llegar de la cacería fue grande al observar que junto con varias piezas de caza, transportaban también a dos caballeros franceses, que en sus rostros contraídos demostraban el dolor que les producían sus heridas.

*

Como el rey de Francia tenía bastantes enemigos, no le fue difícil a Ricardo de Inglaterra conseguir que éstos se aliaran con él para luchar contra el monarca.

De esta manera, los condes de Bretaña, Flandes y Toulouse unieron sus fuerzas para combatir al francés aprovechando la estancia de Ricardo en el continente. Los buenos resultados no se hicieron esperar, pues el tener que distraer Felipe Augusto sus fuerzas en dos frentes, favoreció la ofensiva de los ingleses, que día con día iban ganando terreno a su adversario.

El monarca francés no se resignaba a perder lo que tanto trabajo le había costado conquistar, y por ello, reagrupando a sus desmoralizadas fuerzas, presentó batalla al ejército de Ricardo Corazón de León en las orillas del Epta, cerca de la ciudad de Gisors.

Los ejércitos del rey de Francia eran más numerosos que los mandados por el monarca inglés, sin embargo, la sola presencia de éste al frente de sus hombres, les infundía tal valor, que no hubieran temido enfrentarse aun con un enemigo más numeroso.

La figura de Ricardo Corazón de León imponía a los enemigos respeto y pavor. Vestido con su resplandeciente armadura, calado el yelmo, del que un penacho rojo ondeaba al viento, con el escudo en la izquierda y lanza en ristre en la derecha, montado sobre brioso corcel, no existía caballero que se le pudiera comparar.

Por el otro lado, Felipe Augusto, también de punta en blanco, comandaba al frente de su ejército. Un gran número de caballeros franceses, haciendo ondear sus estandartes, parecían esperar impacientes el comienzo de la batalla.

Igualmente los corceles ingleses piafaban nerviosos, como si aguardaran tan sólo la orden del rey para lanzarse al galope, como un alud incontenible, contra el ejército enemigo.

Sonaron las trompetas de pronto, y con un estruendo horroroso chocaron ambas huestes. Los gritos de los soldados, el relinchar de los caballos y los escalofriantes alaridos de los que caían mortalmente heridos, junto al horrísono chocar de las aceradas armas, formaban una aterradora sinfonía que resultaba ensordecedora para todo aquel que no estuviera enfrascado en el ardor de la pelea.

Ricardo Corazón de León, como un ciclón devastador, arrasaba las filas enemigas. Sus gritos y sus mandobles erizaban los cabellos de sus enemigos, que sólo al verlo acercarse huían despavoridos abandonando las armas y dando voces de terror.

Incluso el rey Felipe Augusto, al ver una de las veces aproximarse a su rival, volvió grupas y se lanzó al río Epta para librarse de una muerte segura. Ya en el río, un tropiezo de su caballo le hizo caer a la corriente, y gracias a la ayuda de uno de sus caballeros, pudo conseguir salvarse. Momentos después huía a galope tendido, mientras sus fuerzas se batían en retirada después de sufrir una seria derrota.

Fueron muchos los prisioneros, y las fuerzas de Ricardo de Inglaterra obtuvieron un rico botín en esa batalla de Gisors. Pero de todo aquello lo que más alegría dio al monarca inglés fue ver que entre los apresados se hallaba nada menos que Beauvais, prelado guerrero que se había hecho célebre por su valor en los combates.

Por eso, una vez restablecida la calma, el soberano ordenó a sus guardianes:

—Traigan a Beauvais a mi presencia.

Momentos después, el prelado, custodiado por dos soldados, fue conducido ante Ricardo. Con gesto altanero, quedó plantado ante el rey, sin hacer la menor demostración de respeto ni de acatamiento.

Ricardo le dirigió una rápida y retadora mirada, y luego le preguntó:

—¿No fuiste tú quien ofreció una gran suma al emperador de Alemania para que no me libertara?

—Sí, fui yo —contestó el prelado.

—¿Y no estás arrepentido de ello? —inquirió el monarca.

—No —dijo el detenido, secamente—. Si se presentara la ocasión, lo volvería a hacer, pero esta vez lograría mi propósito.

Los ojos de Ricardo brillaron de indignación. Entonces ordenó a sus soldados:

—Cárguenlo de cadenas y enciérrenlo en un calabozo.

Los guardianes, cumpliendo las órdenes del rey, metieron a Beauvais en las mazmorras del castillo, pero éste logró hacer llegar un mensaje al Papa Benedicto, explicándole cuanto le sucedía.

Poco tiempo después, el Pontífice le exigía a Ricardo de Inglaterra la libertad del prelado, bajo pena de excomunión en caso de desobediencia.

Pero Ricardo Corazón de León, como contestación a la orden del Papa, le envió la cota de malla del obispo, acompañada de un mensaje que tan sólo decía:

"Vea si esa túnica es o no de su hijo".

—No —dijo el Papá, sonriendo al leer el escrito—. Esta es la túnica de un hijo de Marte.

Y aunque el Pontífice reconoció la razón del monarca inglés, intistió de nuevo para intentar conseguir la libertad del prelado; pero Ricardo, en vista de la soberbia y terquedad que mostraba el prisionero, lo dejó encerrado en el calabozo hasta que se mostrara más humilde.

Por fin, un día, el obispo solicitó tener una entrevista con el rey Ricardo, y al llegar ante él le dijo sin más preámbulos:

—Le ofrezco diez mil marcos por mi libertad.

—¿Para luchar otra vez contra mí? —le preguntó Ricardo.

—Sí —respondió retador el prelado—, para ver si algún día tengo la suerte de hacerlo mi prisionero.

Ricardo se levantó rápido de su asiento y avanzó amenazador hacia su prisionero con los puños crispados. Pero pronto se detuvo, y lleno de indignación exclamó:

—Si en vez de ser lo que es, fuera un caballero, lo retaría a singular combate para demostrarle que hacen falta muchos como usted para aprisionarme.

El obispo, con el semblante pálido y la cabeza erguida, no respondió a las palabras del rey. Tan sólo en su boca se dibujaba una irónica sonrisa, que al ser observada por el soberano le hizo decir:

—Puede reírse cuanto quiera, pero aunque mucho necesito el dinero que me ha ofrecido, prefiero que éste permanezca en sus arcas y usted en el calabozo.

Y haciendo una señal a los soldados, éstos condujeron de nuevo al obispo a su encierro.

*

Después de algún tiempo, estaban de nuevo en manos de Ricardo todas las posesiones que Inglaterra tenía en el continente. Felipe Augusto se puso a temblar cuando vio que el monarca inglés ya no se conformaba sólo con recuperar la Normandía, sino que además trataba ahora de arrebatarle otros territorios que pertenecían a la corona de Francia.

Al verse impotente para detener el avance victorioso de las huestes que acaudillaba Ricardo Corazón de León, no encontró mejor solución que solicitar el cese de las hostilidades. Y como tantas otras veces, también ahora se encontraron los dos monarcas junto al olmo que había cerca de Gisors, lugar tradicional en donde se acostumbraban a celebrar los encuentros de los reyes de Francia y de los duques de Normandía.

Pero en esta ocasión, Felipe Augusto se presentó triste y abatido, exagerando todavía más su aparente humildad, porque calculaba que así lograría conseguir de Ricardo cuanto se propusiera.

Cuando los dos reyes se encontraron frente a frente, se hizo un silencio expectante a su alrededor. Era una mañana de enero del año 1196, y un cierzo helado soplaba por la amplia a llanura en la que se habían reunido.

Con la mirada severa, cargada de mudos reproches, Ricardo contempló a su adversario que, como avergonzado, con la cabeza baja y el rostro pálido, empezó diciendo con voz apenas audible:

—Te he mandado llamar para pedirte que se haga la paz entre nosotros. Yo te juro que por mi parte...

—No me jures nada —le interrumpió Ricardo con aspereza—, porque por lo visto, tus juramentos los olvidas pronto.

Un ligero rubor coloreó las pálidas mejillas de Felipe Augusto al oír los justos reproches de Ricardo, pero ducho en las artes del disimulo, continuó diciendo:

—Yo te ruego que me perdones por mis errores pasados, y recurro a tu proverbial nobleza para que accedas a esta paz que te pido en beneficio de nuestros reinos.

—¿Y qué garantías tengo de que no me traicionarás en la primera ocasión? —preguntó Ricardo.

El monarca francés se mordió los labios al oír el insulto, pero intentando disimular, dibujó una sonrisa en su boca, y con gesto amable contestó:

—Mi palabra y veinte rehenes que te entregaré.

—A los rehenes los acepto —repuso Ricardo—, pero tu palabra te la puedes guardar, porque de nada me sirve.

Entre los caballeros franceses se corrió un murmullo amenazador al escuchar aquellas palabras, pero Felipe Augusto, dispuesto a conseguir sus propósitos aun a costa de los mayores insultos y humillaciones, se adelantó hacia Ricardo con la mano extendida para sellar la paz.

Ricardo Corazón de León estrechó fuertemente la diestra que le ofrecía su adversario, y momentos después se separaron para regresar a sus respectivos castillos, seguidos de sus caballeros y soldados.

Más tarde, en los dos campamentos, la soldadesca celebraba con cantos y música la paz que se acababa de concertar entre ambos países.

*

Las victorias conseguidas por Ricardo en Francia llenaron de alegría a las personas de Inglaterra. Pero eso fue sólo en los primeros momentos, ya que al tener que aportar recursos para continuar la campaña, el pueblo, esquilmado y empobrecido, se vio obligado a nuevos desembolsos que lo dejaron en la más completa miseria.

Mientras tanto, los barones y administradores seguían haciendo de las suyas, y aprovechando la ausencia de Ricardo se enriquecían a costa de los humildes, a quienes agobiaban con sus impuestos y contribuciones.

En ese tiempo tuvo efecto en Inglaterra una tentativa demagógica. Ocurrió que cierto individuo llamado William Fritz-Osbert, notable por su larga barba, había logrado captarse las simpatías de la plebe por sus amargas e insultantes diatribas contra los ricos. Este demagogo se llamaba a sí mismo "abogado del pueblo", y con este título proponía medios y soluciones para aliviar a los pobres de las pesadas cargas con que los nobles los oprimían.

—Los ricos —decía— se saben sacudir las contribuciones para echarlas sobre las espaldas del pueblo. ¡Que paguen ellos que tienen más dinero!

Y con una audacia sin límites, se fue a Normandía a presentarse ante el rey Ricardo, quien estaba ocupado en su lucha contra el monarca francés. Tan pronto como Ricardo Corazón de León hubo escuchado las primeras palabras de aquel "abogado del pueblo", comprendió que estaba loco o le faltaba poco para estarlo. Y como el monarca inglés tenía un gran sentido del humor, le hizo gracia lo que decía aquel "apóstol", y en vez de castigarlo lo dejó marchar, diciéndole:

—Cuando regrese a Inglaterra, estudiaré la manera de poner en práctica sus proyectos. Ahora, déjeme en paz.

William regresó molesto a Londres y lleno de entusiasmo se dedicó a formar asociaciones, cuyos individuos se comprometían a cumplir ciegamente sus mandatos. Como eran muchos los descontentos no tardó en alistar en sus filas a 52,000 individuos, dispuestos todos a asesinar a quien él les dijera, y a saquear las casas que tuvieran apariencias de ricas o de tener riquezas.

A partir de estos acontecimientos, la vida en el país se llenó de constantes peligros y amenazas. Los bosques se infestaron de forajidos y de bandas armadas que atacaban a los viajeros, despojándolos de todo lo que llevaban de valor, y hasta quitándoles la vida si se oponían a sus pretensiones.

Muchos otros, obedeciendo las órdenes de William, asesinaban a mansalva a cuantos él ordenaba, lo que dio lugar a que muchas personas no se atrevieran a salir de sus casas por temor a caer en manos de aquellos desalmados.

En vista de aquel estado de cosas, el arzobispo Hubert, nombrado Justicia Mayor del reino por Ricardo, trató de contener aquellos desórdenes, y se dispuso a tomar las medidas necesarias para asegurar la tranquilidad pública. Como sabía quién era el causante de tal desconcierto, citó ante su tribunal a William Fritz-Osbert.

William no se esperaba tal cosa, y cuando se vio en peligro de caer preso en manos de la justicia, hendió de un hachazo la cabeza del oficial que iba a aprehenderlo, y luego corrió a refugiarse en la iglesia de Santa María.

En aquel tiempo era corriente que los delincuentes buscaran protección en los templos, ya que así gozaban de cierta impunidad, librándose con este ardid de caer en manos de la justicia.

Pero habían sido tantos y tan horrendos sus crímenes, que el arzobispo ordenó su captura de la manera que fuera. Acosado por sus perseguidores, William se encerró en el campanario y allí se defendió desesperadamente durante cuatro días.

Un soldado sugirió prenderle fuego al campanario para obligarlo a salir, y así lo hicieron. Poco después, grandes llamaradas hacían presa en las viejas maderas, y William, viéndose perdido, aprovechó la confusión para salir huyendo del fuego; sin embargo fue reconocido inmediatamente y la turba se arrojó sobre él, apresándolo.

Condenado en el acto, fue conducido a Tyburn y allí murió ahorcado, junto con nueve de sus seguidores más importantes.

Por esos fenómenos tan extraños que han sucedido a través de la Historia, el pueblo lloró la muerte de William y reverenció su memoria como la de un mártir, siendo varios los que acudían a reunirse en torno de su sepultura para rendirle homenaje.

Pero la severidad con que se castigó a muchos de estos fanáticos hizo que en unas cuantas semanas aquel fervor desapareciera y quedara completamente olvidado.

Tiempo después, Ricardo Corazón de León regresó victorioso a Inglaterra, y al ver la inseguridad del país, y los atropellos que cometían los forajidos que se refugiaban en los espesos bosques, emprendió una campaña de limpieza que muy pronto dejó el reino libre de aquella constante amenaza.

El pueblo pudo por fin respirar tranquilo, y las personas realizaban sus viajes de un lado para otro sin temores ni peligros.

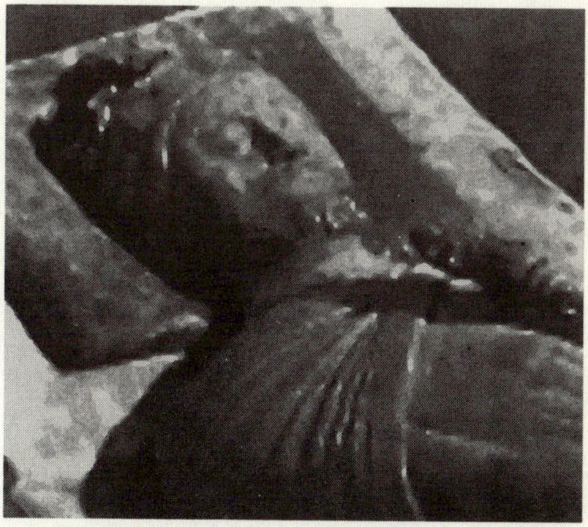

La faz de Ricardo Corazón de León.

Capítulo 10

El reinado de Ricardo Corazón de León

Después de la campaña triunfal en Francia, el rey Ricardo hizo planes ambiciosos que sólo el mal estado de la Hacienda inglesa le impedían realizar.

Una de sus primeras medidas fue conseguir que eligieran rey de Alemania a su sobrino Otón de Brunswick, asegurándose así un eficaz aliado en el continente.

En aquel tiempo, el derecho de representación directa no estaba sólidamente establecido en Inglaterra en cuanto a la sucesión real. No obstante, el rey Ricardo, juzgando que su voluntad sería obedecida después de su muerte, nombró heredero de sus Estados a su sobrino Arturo al tiempo de marchar a Tierra Santa.

Ésta fue una de las causas por las que el príncipe Juan, ofendido por tal decisión de su hermano, se decidiera a usurparle el trono aprovechando su ausencia de Inglaterra.

Como, por otra parte, la reina Leonor detestaba a doña Constanza, madre del joven Arturo, no le fue difícil a Juan lograr el apoyo de su madre, siempre que fuera para que el designado por Ricardo no consiguiera ceñirse la corona.

Por eso cuando doña Leonor vio en buena armonía a sus dos hijos, Ricardo y Juan, aprovechando la circunstancia de que el monarca no tenía heredero a quien dejar el trono, laboró incansablemente hasta persuadir a Ricardo para que nombrara como su sucesor al príncipe Juan.

A causa de esto, un buen día, Ricardo convocó a consejo a los prelados y nobles del reino, y una vez reunidos les habló así:

—Ustedes saben que antes de mi partida a Palestina designé como heredero del trono de Inglaterra a mi sobrino Arturo, pero como sólo tiene doce años, y considerando que yo no tengo hijos, creo que mi hermano Juan tiene más derecho al trono, así que en mi testamento lo nombro desde este momento mi sucesor.

Muchos de los asistentes al consejo eran antiguos amigos del príncipe Juan, por lo que recibieron la noticia con gran alegría y no se recataron para aplaudir la decisión del rey Ricardo.

En aquella misma reunión, el monarca les hizo saber su deseo de mudar el sello real, a fin de que todos aquellos que disfrutaban de privilegios pagaran un nuevo tributo.

Cuando escucharon esto, muchos de los que antes aplaudieron entusiasmados se tornaron tristes y malhumorados, y en voz baja empezaron a protestar contra las disposiciones del rey. La verdad es que Ricardo no sabía ya de qué medio valerse para recaudar fondos con los cuales hacer frente a todas sus necesidades.

En esa época Inglaterra era un país pobre y sin recursos, y exceptuando algunos nobles, el pueblo padecía una miseria espantosa. De ahí que Ricardo soñara con planes de conquista, a fin de dar a su reino, con esta expansión, un nivel de vida más decoroso.

Pero el monarca se debatía en un círculo vicioso. Cada vez que intentaba llevar a cabo alguno de sus ambiciosos planes, se encontraba con la carencia de medios económicos que lo privaban de realizar lo que tanto ambicionaba.

En medio de los tormentosos días del año 1197, Ricardo Corazón de León seguía meditando en la manera de liberar al país de tanta miseria, y para ello no veía mejor manera que lanzarse a la campaña de conquista que había proyectado.

Ni la caza, ni las justas y torneos que a menudo se organizaban en la corte, bastaban ya para distraer al monarca, que sólo suspiraba por vestir la armadura y salir al frente de sus tropas a combatir contra sus enemigos.

Un caluroso día del mes de agosto, reunido con su hermano Juan y varios caballeros de los más leales al trono, Ricardo les expuso claramente sus planes.

—Contamos —les dijo— con un potente aliado en el continente, que sin duda alguna se pondrá de parte de Inglaterra a la menor indicación. Es mi sobrino Otón de Brunswick, a quien ayudé a lograr la corona de Alemania, y no creo que me niegue su ayuda tan pronto yo se la pida.

—¿Qué pretendes con ello? —preguntó Juan, impaciente.

—Deja que termine de explicar mi plan y entonces lo verás claro —le respondió Ricardo.

Y después de hacer una breve pausa, la cual aprovechó para ver el efecto que sus palabras producían entre sus caballeros, siguió diciendo:

—En Francia contamos con más de la tercera parte del país y, además, con la simpatía de todos cuantos son enemigos del rey Felipe, y ésos, en caso necesario, se aliarán también a nosotros.

—Ya voy comprendiendo —le interrumpió el príncipe, brillándole los ojos de emoción.

—Como ven —añadió Ricardo—, tenemos al rey de Francia cercado por todas partes, ya que también por los Pirineos conseguiré que no reciba ayuda de los reyes de Cataluña y Aragón, y de Navarra.

—Entonces —habló uno de los caballeros—, lo que pretendes es apoderarte del reino de Felipe Augusto, ¿no es así?

—Exacto —respondió Ricardo—. Al fin y al cabo, estoy en mi perfecto derecho de hacerlo. ¿No pretendió él apoderarse de lo que era de Inglaterra?

—Desde luego —dijeron todos.

—En ese caso, ¿por qué no he de aspirar yo a conquistar Francia? —terminó diciendo Ricardo.

Durante unos momentos se hizo un embarazoso silencio, que fue roto por el rey al decir:

—¿No les parece bien mi plan?

Sir Thomas De Vaux, que estaba en la reunión, fue quien, recogiendo el parecer de todos, contestó:

—Su plan es magnífico y yo, por mi parte, le confieso que gustoso me lanzaría ahora mismo a la lucha, aunque no fuera más que para castigar la traición y cobardía del rey Felipe Augusto. Pero...

—¿Qué inconvenientes hay, sir Thomas? —inquirió impaciente el monarca.

—¿Ha pensado en el dinero que hace falta para realizar esa empresa? —preguntó a su vez De Vaux.

Al oír esto, Ricardo quedó silencioso y pensativo. Profundas arrugas se marcaron en su frente, indicadoras de su gran preocupación. Instantes después, preguntó:

—¿Y no ves ninguna solución?

Pasaron unos momentos sin que nadie respondiera. Finalmente, uno sugirió:

—Ya no quedan en Inglaterra judíos que puedan hacer un préstamo a la corona, porque los que no murieron, escaparon del país cuando fuiste coronado. Sin embargo, se sabe que son muchos los que se valieron de aquello para no pagar a los judíos, no los intereses, sino los préstamos que recibieron.

—Entonces, ¿no han pagado lo que debían? —preguntó extrañado el rey Ricardo.

—No, ninguno de ellos —respondió el caballero.

Nuevamente las arrugas volvieron a aparecer en la frente del monarca, que de pronto exclamó:

—En ese caso tenemos la solución.

Días después apareció una disposición real en la que se emplazaba a todos los deudores de los judíos a devolver al trono los préstamos recibidos de éstos.

Y como eran muchos los que se hallaban en este caso, el descontento se hizo patente en todo el reino. Sobre todo entre los nobles, quienes habían sido los que más negocios tuvieron con los judíos; fue entre ellos donde más se hizo sentir la inesperada orden, y también donde más censuras se levantaron contra el monarca.

Muchos disgustos y no pocas preocupaciones le costaron al rey Ricardo semejante medida, hasta que por fin, en vista de que los resultados obtenidos no fueron muy satisfactorios, decidió anularla. Resultaba que como no había pruebas, debido a que los recibos habían sido quemados cuando los judíos huyeron, la mayoría negaba sus deudas, y como nadie les podía demostrar lo contrario, las cantidades fueron exiguas y difíciles de recaudar.

El resultado de todo esto fue que Ricardo se creó varios enemigos entre la nobleza, que luego se negaron a ayudarle en la empresa que proyectaba.

En vista de que no había manera de conseguir fondos, no tuvo más remedio el monarca inglés que desistir de sus ambiciosos proyectos y esperar mejores tiempos para poder realizarlos.

*

En lo que se refiere a leyes de Gobierno, hay dos que honran la memoria de Ricardo de Inglaterra. Es verdad que su padre las inició, pero a su hijo le toca la gloria de haberlas impuesto en el país.

Por aquel tiempo de su corto reinado, Ricardo se hallaba aburrido por la falta de medios económicos que le permitieran salir en busca de aventuras. De seguro que si hubiera habido una nueva Cruzada, se hubiera alistado con gusto en ella, tan sólo por satisfacer sus ansias de lucha. Pero como no la había, tuvo que resignarse a matar el tiempo cazando por los bosques o soñando con futuras empresas.

En una de estas crisis fue cuando estableció en el país la uniformidad de pesos y medidas, obligatoria para todo el reino de Inglaterra. Al igual que en todos los pueblos de Europa, también en el inglés ocurría que se emplearan con gran confusión distintos pesos y medidas, según las diversas regiones. Esto daba lugar a muchos trastornos en el comercio, y para evitarlos, Ricardo ordenó su uniformidad aplicándola con gran energía.

El pueblo primero se resistió a aceptar semejante orden, pero poco a poco todos se fueron convenciendo de que era beneficiosa para sus intereses, y tiempo más tarde se había generalizado en todo el país.

Lo mismo sucedió con la bárbara costumbre, existente no sólo en Inglaterra, sino en otros países europeos, de apoderarse de los barcos que naufragaban. Esto, que podía considerarse casi como un acto de piratería, era tan común en aquellos tiempos, que hubo países que se enriquecieron con las naves que encallaban en sus costas.

Por tal motivo era frecuente ver, en los días de tormenta, a los habitantes de los pueblos costeros atisbar el horizonte, ilusionados con la esperanza de que algún barco desgraciado fuera a estrellarse contra los acantilados, para arrojarse como lobos hambrientos sobre él.

Los desgraciados náufragos se veían despojados de cuantas cosas de valor llevaban en su poder, sin que de nada sirvieran sus protestas o súplicas. Era una costumbre y, como tal, la aplicaban como un derecho todos los que tenían ocasión de aprovecharse de ella.

De estas inhumanas expoliaciones el rey recibía un diez por ciento, que los opresores entregaban religiosamente a los recaudadores reales. Claro que, en muchas ocasiones, la dificultad de calcular este tanto por ciento, o la ambición del que controlaba el naufragio, hacían que los derechos percibidos por el rey fueran tan exiguos, que a lo mucho se reducían a unos metros de tela o a alguna barrica de ron.

Como el rey Ricardo, con motivo de su campaña en Tierra Santa, había viajado bastante y en algunas ocasiones se había visto expuesto a esta costumbre salvaje, comprendiendo lo injusto e inmoral de tal conducta, decidió cortar por lo sano. Y así un día, después de consultar con algunos prelados y ministros, dio la orden siguiente:

> "A partir de la publicación de este edicto, todo barco naufragado en las costas de este reino, será respetado. Si muriesen sus propietarios, heredarán sus bienes los herederos directos, o en su defecto, los hermanos o hermanas si los tuvieran. Sólo en caso de no haber unos y otros, el barco naufragado pasará a poder del rey".

También costó mucho trabajo imponer esta orden a las personas, ya que éstas, en su codicia, siguieron vigilando las costas furtivamente en espera de algún naufragio con el cual hacerse ricos.

Pero el ejemplar castigo que Ricardo impuso a muchos desobedientes acabó con aquel vergonzoso acto de barbarie.

Sin embargo, estas dos disposiciones, que ya de por sí bastaban para acreditarlo como excelente gobernante, fueron esgrimidas por sus enemigos para criticarlo duramente. Unos lo tacharon de ambicioso; otros de disoluto, y los más de tirano y orgulloso.

La incomprensión de las personas entristecía a Ricardo. A él, que había dado tantas muestras de generosidad, que si había exigido tributos eran en beneficio del reino, y que si dictó leyes fue en provecho de todos, le parecía muy mal que lo calificaran de todo aquello que era lo más contrario a su forma de ser.

No hay que olvidar que Ricardo Corazón de León unía a sus prendas físicas una gracia singular y una aguda penetración, que lo convertían en el eje de todas las conversaciones. Él era quien, con sus agudas y picantes intervenciones, mantenía vivo el interés de las reuniones, y en todas partes se celebraban sus ocurrencias o sus contestaciones, llenas de intención y de humor.

Se sabe del caso de aquel predicador contemporáneo suyo, que solía decir verdades muy atrevidas, pero que influenciado por el decir de las personas, se permitió un día decirle al rey Ricardo:

—Le aconsejo que deje tres de sus principales vicios.

—¿Cuáles son? —preguntó intrigado el monarca.

—El orgullo, la disolución y la avaricia —contestó el predicador sin inmutarse.

Al oír tales palabras, Ricardo sonrió levemente y, sin meditar mucho, replicó enseguida:

—Eso me place. Me desprendo de ellos, y en consecuencia doy el primero a los templarios, el segundo a los nobles y el tercero a los obispos.

Semejante contestación, que denotaba un gran ingenio y buen humor, obligó al monje a taparse disimuladamente el rostro para evitar que el rey viera la risa que la irónica y atinada respuesta le había producido.

Fue entonces cuando el predicador comprendió, después de conversar unos momentos con el rey Ricardo, que eran injustos y falsos los calificativos y censuras que las personas aplicaban a su rey. Con su lenguaje claro y contundente, así se lo hizo saber a todos posteriormente, en cuantas ocasiones se le presentaron.

*

La gran ilusión de Ricardo había sido toda su vida la de tener un hijo, un heredero a quien legarle no sólo sus Estados sino también su valor indomable. Siempre había soñado que aquel hijo no sólo igualaría sus hazañas sino que las superaría con mucho, convirtiéndose en el caballero más famoso de todos los tiempos. Pero esta ilusión fue desvaneciéndose a medida que pasaban los años y veía que el hijo anhelado no llegaba.

Este don que Dios negaba a Ricardo contristó su alma y le hizo pasar muchas horas de desconsuelo. A esto se debió que su esposa, doña Berenguela, se viera obligada en muchas ocasiones a soportar el mal humor de su esposo. Este anhelo, que todos los hombres sienten, por tener un hijo en quien verse retratado, y al mismo tiempo sea el heredero, parece convertirse en una necesidad cuando se trata de un rey, ya que el pueblo exige a su soberano tener un sucesor que les garantice la continuidad en el trono.

Este hecho, al parecer sin importancia, ha dado lugar a que la mayor parte de las páginas de la Historia se encuentren llenas de sucesos infamantes y sangrientos, provocados por la sucesión en el trono vacante. Tan pronto ésta se produce, las ambiciones se desatan para acabar siempre en terribles luchas fratricidas.

Tampoco es extraño contemplar a reyes y emperadores que han repudiado a varias esposas, hasta conseguir tener un heredero.

Como decíamos, Ricardo vio frustrado su empeño en tener un hijo, y esto le hizo alejarse poco a poco de su esposa doña Berenguela, quien resignada y compungida, buscó en la soledad consuelo a su pena.

Cuando Ricardo decidió regresar de Tierra Santa, doña Berenguela, acompañada de la hermana del rey, doña Juana, partió en una nave hacia Sicilia con intención de dirigirse después a Navarra, en donde vivían sus padres.

La reina había manifestado este deseo y Ricardo había accedido gustoso a ello, ya que esto le permitiría obrar con más libertad que llevando consigo a su esposa.

Debido a esta decisión doña Berenguela no sufrió la misma suerte que su esposo, cuando fue hecho prisionero por su peor enemigo.

En cambio, la reina hizo un viaje feliz, y tan pronto como tuvo ocasión dejó la isla de Sicilia, en donde pasó una temporada con doña Juana, dirigiéndose luego a la corte de Navarra. En estas tierras de España pasó la hermosa y desgraciada doña Berenguela varios meses hasta que, enterada de que su esposo había llegado a Normandía, acompañada de su séquito atravesó los Pirineos y fue a su encuentro.

Hacía tiempo que el rey Ricardo no veía a su esposa, y como en el fondo sentía por ella un gran cariño, la recibió con vivas muestras de contento que sirvieron para devolver la alegría al atormentado corazón de la bondadosa señora.

Durante el tiempo que el monarca permaneció en tierras francesas, doña Berenguela permaneció a su lado, y cuando terminó la campaña, regresaron juntos a Inglaterra. Como, por otra parte, Ricardo adoraba a su madre, y ésta sentía debilidad por la esposa de su hijo, en la que veía todas las buenas cualidades de una dama, no fue difícil, aun a pesar de la falta del hijo tan deseado, que volviera a renacer la confianza entre los esposos, haciéndoles vivir horas muy felices.

En ese tiempo, y en vista de que no podía tener un heredero, fue cuando el rey Ricardo Corazón de León nombró como sucesor al trono a su hermano, el príncipe Juan.

*

En aquellos tiempos medievales, los caballeros estaban unidos por el doble sentimiento de la religión y del honor, y tenían que ayudarse mutuamente.

En algunas ocasiones, para estrechar con más fuerza los lazos que les unían, sacaban sangre de sus venas y la mezclaban con la del otro; o bien, cambiaban sus armas que eran su más preciado tesoro.

De todos los votos el más solemne era el que se hacía con la mano puesta sobre el pavón o sobre el faisán, aves singularmente estimadas por los paladines, que hacían bordar en sus capas y que servían de blanco a sus flechas.

Los resentimientos o problemas entre dos caballeros se dirimían por medio del duelo, sometido a menudo al llamado "Juicio de Dios".

Por aquellos días, la corte se hallaba revuelta a causa de la muerte del hijo de sir Thomas De Vaux. La importancia del hecho radicaba en que el joven había sido asesinado cuando regresaba de viaje, acompañado de algunos servidores.

Hacía tiempo que Ricardo había terminado con las bandas de forajidos que infestaban el país, y no era frecuente que estos actos se produjeran. Por eso el rey, decidido a toda costa a encontrar al culpable para darle un castigo ejemplar, máxime teniendo en cuenta el gran aprecio que sentía por su buen amigo De Vaux, movilizó a todos los hombres en una búsqueda intensa y minuciosa.

Sin embargo nadie lograba dar con el asesino, ni nadie conseguía encontrar la menor pista de quién podía haber sido el autor del crimen, hasta que un día llegó ante el rey Ricardo sir Thomas, y con el rostro demudado y la voz ronca, exclamó:

—Señor, vengo a pedirle justicia.

—¿Qué dices, De Vaux?

—Ya sé quién es el asesino de mi hijo y le ruego que lo haga comparecer al Juicio de Dios.

—¿Quién es? —preguntó curioso el monarca.

—El caballero templario Gilbert De Brian.

Ricardo se asombró al escuchar la grave acusación de sir Thomas. Durante unos instantes permaneció pensativo y silencioso, y luego, con voz grave, preguntó:

—¿Estás completamente seguro?

—Sí, pero no poseo pruebas, y por ello le pido el Juicio de Dios, para demostrar su crimen.

La primera impresión de Gilbert De Brian fue de terror cuando recibió la embajada del rey de Inglaterra, y por ella supo que ante él se presentaba a desafiarle, apelando al tremendo Juicio de Dios, el caballero sir Thomas De Vaux, acusándolo de haber dado muerte a su hijo.

Desde ese momento ya no tuvo tranquilidad el caballero templario. En el preceptorio de Templestone se reunió con sus amigos, y cuando todos le aconsejaron que aceptara el reto si no quería ser a los ojos de toda Europa tachado de asesino y cobarde, estalló colérico en insultos y maldiciones.

Todos los templarios creían, ciertamente, en la inocencia del caballero De Brian, y por ello insistieron en que aceptara el reto.

No se hallaba muy decidido el templario De Brian a aceptar el desafío, pero tanto pesó la fuerza de los argumentos de sus compañeros en su ánimo que, al fin, temeroso de la deshonra que le aguardaba en caso de negarse, se vio obligado a aceptar el Juicio de Dios que le proponía, en nombre del caballero De Vaux, el rey Ricardo.

Algunas horas antes de dar comienzo el memorable encuentro, el vasto cercado donde éste iba a celebrarse, se vio lleno de una muchedumbre curiosa y emocionada. En aquella mañana de estío, el sol caía a plomo sobre las personas que se amontonaban en los graderíos, pero éstas no reparaban en ello atentas sólo a la proximidad del terrible espectáculo, que pronto iba a comenzar.

La campana mayor de una iglesia cercana al campo, empezó un toque lento y repetido, cuyos graves sones llenaron el aire de un eco de tragedia y de tañidos fúnebres.

En aquel momento llegó la comitiva del rey Ricardo de Inglaterra. Montado sobre un soberbio corcel, avanzó majestuoso hasta llegar frente a la tribuna real. Llevaba un manto de corte, su corona y su cetro. Colgando de su cinto brillaba la rica espada de doble filo con la cruz enjoyada.

Formaban el cortejo real varios prelados y abades, altos dignatarios del reino, aparte de una gran cantidad de caballeros, cuyos trajes, recamados de oro y pedrería, deslumbraban a la luz del sol de aquella mañana estival.

La reina doña Berenguela iba detrás acompañada de sus damas, reflejando en su lindo y triste rostro la pena que le producía el terrible combate que iba a presenciar.

En cuanto el monarca apareció, la muchedumbre lo aclamó con ensordecedora algarabía, no cesando en sus vítores y aplausos hasta que Ricardo se acomodó en su trono, bajo el dosel bordado en oro y lleno de borlas y flecos.

Cuando estuvieron todos colocados, cada cual en su escaño, sitial o silla en la tribuna, como si sólo esperasen esto para hacer su aparición, entraron en el campo el templario Gilbert De Brian y los dos padrinos que lo acompañaban.

El templario iba armado con una soberbia y magnífica armadura, y sobre su casco flotaba al viento una hermosa pluma roja. Detrás de él y de sus padrinos, venían dos escuderos sosteniendo la lanza y el escudo. Uno de los padrinos sostenía el sagrado estandarte "Le Baucan", que era la insignia de la Orden militar de los Templarios.

Acababan de entrar en el campo, cuando un heraldo de armas se adelantó hasta el caballero De Brian y le preguntó:

—Diga su nombre, rango y condición, y lo que desea al presentarse aquí.

El templario, haciendo un esfuerzo y echando mano de todo su orgullo, contestó con voz enronquecida:

—Soy noble y caballero. Vengo aquí para sostener con la lanza y con la espada mi inocencia, en el crimen que se me imputa...

Estas palabras resonaron en medio del impresionante silencio de la multitud, como si llegaran de otro mundo. En el semblante del templario, el color pálido y la crispación trágica daban cuenta exacta del estado de su alma.

Luego sonaron los clarines y, al abrirse el campo de la liza, apareció sir Thomas De Vaux montado a caballo y seguido de sus padrinos y escuderos. La simplicidad austera de sir Thomas contrastaba con el regio lujo del templario. Una pluma blanca empenachaba su casco, cuya visera levantada permitía ver el rostro sereno y sonriente del paladín.

El caballero De Vaux tomó de manos de sus fieles escuderos la lanza y el escudo, les dio a besar la mano y, con un ademán, ordenó que lo dejaran solo con sus padrinos.

En aquel momento, un toque de trompeta hendió los aires y a sus sones, como a un conjuro, uno de los padrinos de sir Thomas tomó de manos de éste el guante de desafío y fue a depositarlo a los pies del rey, diciendo, mientras doblaba su rodilla ante el monarca:

—Señor y rey nuestro: He aquí a sir Thomas De Vaux que, por mis manos, deposita a sus pies este guante, prenda de combate, declarando que está dispuesto a cumplir con su deber de caballero, sosteniendo contra todos, lanza en ristre y espada en mano, que Gilbert De Brian es culpable de asesinato en la persona de su hijo, muerto con premeditación y alevosía el ocho de mayo del año mil ciento noventa y siete, junto al bosque de Modred... Sir Thomas De Vaux reta a Juicio de Dios al templario Gilbert De Brian, y si éste no quisiera combatir, reta igualmente a cualquiera que quisiera servirle de campeón. Para luchar por la honra de su nombre, la justicia de su causa y para vengar la sangre de su hijo, vilmente asesinado, le demanda licencia humildemente.

Este parlamento fue escuchado en un silencio tan profundo, que hubiese podido escucharse hasta el latir de los corazones de todos los presentes.

El rey Ricardo se levantó de su trono para responder al padrino de sir Thomas, y dijo, con voz solemne:

—Que preste juramento el caballero De Vaux, de que su querella es justa y conforme al Código del honor.

Entonces se levantó el arzobispo de Londres y, tomando un misal de manos de un paje, lo presentó abierto por una página de los Santos Evangelios a sir Thomas, el cual, con voz recia y entera, con la mano puesta sobre el libro, dijo:

—¡Lo juro!

Momentos después, los padrinos de ambos contendientes se retiraron de la liza. Los dos campeones ocuparon sus puestos y se calaron la visera. Cuando estuvieron frente a frente, un heraldo exclamó:

—¡Cumplan con su deber, señores caballeros!

La muchedumbre permanecía silenciosa y expectante. No obstante, el heraldo hizo saber a voz en grito que se prohibía bajo pena de muerte turbar a los combatientes con señales, gritos o insultos. Luego se retiró a un extremo de la palestra.

Ricardo Corazón de León, que tenía en su mano el guante de batalla, señal de desafío, lo echó a la liza y, con esto, dio comienzo el Juicio de Dios.

La lucha comenzó. Ambos caballeros se precipitaron uno contra otro a todo galope, y en el feroz encuentro saltaron las lanzas, astilladas. La multitud rugió de entusiasmo y de asombro, al ver que los dos caballeros continuaban en sus monturas.

Al colocarse otra vez los contendientes en sus puestos, les fueron entregadas nuevas lanzas, y armados con ellas se dispusieron al combate nuevamente.

Lanza en ristre, a la señal dada por el heraldo se acometieron otra vez, tan fieramente, que todo el campo se crispó de horror temiendo que se traspasaran de lado a lado.

Sir Thomas De Vaux y su caballo cayeron al suelo ante el impetuoso golpe del templario. Pero éste, perdidos los estribos, cayó también pesadamente de su caballo, quedando inmóvil en tierra.

El caballero De Vaux se desembarazó rápidamente de su montura, se levantó de un salto y desenvainando su espada corrió adonde se hallaba tendido su contrincante. Sir Thomas puso la punta de su afilado acero en la garganta del templario y le dijo:

—¡Ríndete, o mueres!

En el profundo silencio que reinaba en el campo, se oyó salir una voz frágil por entre los agujeros de la celada, que decía:

—Me has vencido, De Vaux. Confieso mi crimen. Yo maté a tu hijo.

—¿Te ayudó alguien más? —preguntó impaciente sir Thomas.

—Sí, el caballero Arturo de Montfort —respondió con voz débil el templario.

El vencedor levantó su espada y miró hacia la tribuna real. El rey Ricardo se puso de pie y, en medio de un impresionante silencio, pronunció su sentencia:

—Declaramos culpable al vencido Gilbert De Brian.

Sir Thomas envainó su espada invicta y se apartó del vencido con estas palabras:

—Que Dios te perdone, como yo te perdono.

Rápidamente acudieron los padrinos y escuderos del templario y le levantaron la visera. Sus ojos estaban cerrados y la palidez de la muerte se extendía por su rostro. El golpe de la lanza de sir Thomas de Vaux no le había causado la muerte, sino el violento estallido de sus encontradas pasiones fue lo que paró los latidos de su corazón corrompido.

—Éste es el Juicio de Dios —añadió el rey—. Las armas y el cuerpo del vencido quedan al arbitrio del vencedor.

Pero sir Thomas renunció a ambas cosas, y poco después los compañeros del vencido se llevaron su cadáver, mientras la muchedumbre hacía en voz baja abundantes comentarios.

La campana de la iglesia empezó a dejar oír sus fúnebres tañidos, y poco más tarde, el rey y su séquito abandonaban el campo para dirigirse a la ciudad.

*

Cuando un caballero mancillaba su honor o incurría en un crimen, antes de entregarlo a la justicia se le degradaba públicamente en una solemne e impresionante ceremonia.

Arturo de Montfort había sido detenido como cómplice de Gilbert de Brian en el asesinato del hijo de sir Thomas.

El día señalado por el rey para que fuera degradado, se reunió toda la corte en una gran plaza, y poco después llevaron al caballero de Montfort, con las manos atadas a la espalda y conducido entre cuatro soldados.

El rey Ricardo dio la orden para que comenzara la ceremonia, e inmediatamente colocaron al caballero sobre un gran catafalco. A continuación, le fueron quitando una por una todas las piezas de su armadura, y ante su vista las hicieron añicos.

Luego le sacaron las espuelas y las arrojaron a un montón de estiércol, mientras un caballo de labor arrastraba su escudo por el polvo en medio de los insultos y burlas de la muchedumbre. Enseguida se le cortó la cola a su corcel, y hecho esto, el heraldo de armas preguntó por tres veces consecutivas:

—¿Quién hay aquí?

Y él mismo contestó las tres veces:

—Nadie. Éste no es un caballero. No veo sino a un asesino y a un cobarde, que ha mentido su fe.

Sobre la cabeza del degradado derramaron entonces agua caliente, y tirando de él con una soga fue arrojado del tablado. Unos encapuchados lo colocaron dentro de un ataúd, y llevado en unas angarillas fue conducido al templo, seguido por el rey con su cortejo y toda la muchedumbre.

Al terminar la ceremonia, el culpable fue conducido al calabozo en espera de la sentencia del rey, por haber participado en la muerte del hijo del caballero sir Thomas De Vaux.

Cuando al día siguiente fue llevado el reo a presencia del tribunal, el monarca le preguntó:

—¿Es cierto que tomaste parte en el asesinato que cometió Gilbert De Brian?

El acusado tardó unos segundos en responder, pero luego, con voz débil, respondió:

—Sí.

—¿Tienes algo que alegar en tu defensa? —insistió el rey.

Arturo de Monfort, en vez de responder, hizo con la cabeza varios movimientos negativos.

Entonces Ricardo de Inglaterra, poniéndose de pie, pronunció la sentencia:

—Yo, el rey, te condeno a morir ahorcado por el asesinato del hijo de sir Thomas De Vaux.

Momentos después, unos soldados se llevaron al reo de la sala para regresarlo al calabozo, en espera de cumplir la sentencia.

*

Algunos días después de estos acontecimientos, el caballero De Vaux se presentó en la residencia real y solicitó ser recibido por el monarca.

Tan pronto como Ricardo vio a su buen amigo, le dio un fuerte abrazo y le preguntó:

—¿Qué te trae por aquí, sir Thomas?

—Venía a darle las gracias, señor.

—Sólo he cumplido con mi deber —repuso el rey—. Ya sabes el gran interés que tengo por acabar con toda esa serie de desmanes que hasta ahora se han venido cometiendo.

—Aun así —le interrumpió De Vaux—, su ejemplar justicia no ha vacilado en castigar a los culpables.

—En este caso la hemos administrado a medias. ¿No te parece? —dijo sonriendo el monarca—. Después de lo ocurrido, no creo que nadie intente repetir semejantes hechos, antes tan frecuentes en este reino. Muchos nobles verán en esto una lección y ten por seguro que moderarán su licenciosa e indigna conducta.

Momentos después, los dos amigos empezaron a conversar de los graves problemas que preocupaban al monarca. En su atezado rostro se veían claras señales que denotaban sus largas horas de meditación.

—Estoy aquí como en una cárcel —confesó Ricardo—. Necesito encontrar la manera de llevar a cabo la empresa que tantos días llevo acariciando, y tú me has de ayudar, De Vaux...

—Todo cuanto tengo está a su disposición, señor —replicó sir Thomas—, pero desgraciadamente es tan poco para lo que usted necesita, que no me atrevo ni a ofrecérselo.

—No obstante —añadió el monarca—, ve a ver si puedes enterarte de si alguno de tus conocidos cuenta con dinero suficiente que pueda prestarme. Si lo encuentras, hazle saber que se lo devolveré con creces al regreso de mi expedición.

—Así lo haré, señor —repuso De Vaux, levantándose y disponiéndose a salir.

Ricardo vio marchar a su amigo, y permaneció sumido en sus cavilaciones durante mucho rato, con la cabeza apoyada en las palmas de las manos. Sólo cuando oyó sonar las trompetas en el patio de armas, pareció volver en sí y, levantándose, se asomó a un ventanal para conocer la causa de aquel inesperado y estridente trompeteo.

El causante era el príncipe Juan que llegaba en ese instante, y al que la guardia había recibido con los toques de ordenanza. Ricardo casi no alcanzó a ver a su hermano en el patio, porque éste subía de dos en dos los peldaños de la gran escalinata, y con paso rápido había ganado la entrada principal de la fortificada mansión.

Momentos después, un paje anunció, desde el umbral de la puerta del amplio salón:

—Majestad, su hermano el príncipe Juan desea verlo.

—Hazlo pasar —ordenó el monarca.

Antes de que el paje hubiera transmitido la orden recibida, ya el príncipe, alzando el pesado cortinaje que tapaba la entrada, entró en la estancia y sonriente fue al encuentro de su hermano para saludarlo cariñosamente.

El príncipe advirtió en el semblante del rey señales de preocupación, y desconociendo las causas que pudieran motivarla, preguntó inquieto:

—¿Qué te pasa? ¿Has recibido alguna mala noticia?

Ricardo negó con la cabeza, y luego, con voz pausada, respondió:

—No, ninguna.

Luego, tratando de dar un giro a la conversación, inquirió con interés:

—¿Y tú, qué nuevas traes?

—Desgraciadamente ninguna de importancia —respondió el príncipe—. Como sabes, estuve en Normandía con el fin de ver si se podían recaudar fondos. Pero unos porque no los tienen y otros porque temen que no se les devuelvan, no aportan, lo cierto es que no he podido conseguir nada.

Ricardo empezó a pasearse por la estancia con vivas muestras de disgusto. De pronto, se detuvo y comentó:

—¿Así que tienen miedo de que no les devuelva lo que me presten? Merecían que les diera una buena lección. Veo que aún son peores que los mismos judíos.

—Así es —añadió Juan—. Lo que pasa es que muchos de estos nobles están disgustados porque con tus disposiciones has puesto coto a su ambición y a sus desmanes, y ellos se vengan negándote ahora su ayuda.

—¡Miserables! —exclamó Ricardo, indignado.

Luego, se produjo un silencio embarazoso entre los dos hermanos, hasta que Ricardo lo rompió diciendo:

—Pues si no es por las buenas, tendrán que prestarme su dinero por las malas, porque lo considero necesario para el bien de Inglaterra.

En ese momento entró doña Leonor, que llegaba para saludar al príncipe Juan, e interrumpió la conversación. Poco más tarde la madre y los dos hijos abandonaban la estancia.

*

Hacía tiempo que Inglaterra disfrutaba de una era de paz. Las armas sólo se tomaban para asistir a torneos o para ir de cacería. Y esto, aunque parezca extraño, disgustaba a muchos de aquellos caballeros acostumbrados a la dura vida de la guerra. Se habían habituado a sostener constantes combates, y aquella quietud, aquella vida tranquila, enmohecía sus armaduras y debilitaba sus fuerzas.

Uno de los que más sentían esta inactividad guerrera era Ricardo, y por eso, con mucha frecuencia, pasaba jornadas enteras dedicado a los placeres de la caza, que era lo único que lo distraía y le hacía olvidar sus ansias de combatir.

Había terminado el invierno y en aquel año de 1199 la primavera no se presentaba muy prometedora para los habitantes del país. Los intensos fríos invernales y los lobos, habían dado buena cuenta de mucho ganado, y esto, unido a los escasos recursos agrícolas, hacía que el pueblo se debatiera en la más espantosa miseria.

No sólo en las humildes aldeas sino también en las ciudades, el hambre había hecho su aparición, y únicamente el temor a los temibles castigos detenía a muchos en su deseo de lanzarse a los bosques para dedicarse a robar a los viajeros.

El rey se daba cuenta de esta grave situación y aunque todo su anhelo era conseguir el remedio, la falta de recursos y de medios, le hacían declararse impotente, y esto lo desesperaba y lo ponía de mal humor.

Ya se había granjeado la enemistad de varios nobles a causa de los impuestos que les había hecho pagar para remediar la difícil situación de las personas humildes, pero no podía insistir más, porque también los recursos de la nobleza eran escasos y las tierras y los ganados no rendían lo suficiente.

Los buhoneros que recorrían los pueblos y las aldeas con sus variadas mercancías, conseguían tan sólo vender alguna cosa en los castillos o mansiones donde la mayoría de las veces cambiaban sus encajes, sedas o perfumes por alimentos, ya que hasta en estos lugares el oro escaseaba.

Eran tiempos muy difíciles. Los comerciantes tenían que fiar la mayoría de sus artículos si querían vender, y sólo la esperanza de una buena cosecha permitía vivir a aquellas pobres personas de la vieja Inglaterra.

Esto hacía que la mayoría de la gente prefiriera depender como siervo o vasallo de un señor, ya que éste se veía obligado a proporcionarle comida. En cambio, si compraban su independencia, debían luchar denodadamente por procurarse el sustento, y en aquellas circunstancias esto era muy difícil.

Y de esta forma, unos como porquerizos, pastores o aldeanos, y otros como servidores, monteros o soldados, la mayoría de las personas del pueblo dependía de algún señor feudal, cuyo castillo se elevaba en lo alto de una colina, o de nobles cortesanos, cuando no de alguna orden militar, cuyas mansiones o fortalezas se alzaban amenazadoras y soberbias en los lugares estratégicos.

Así andaban las cosas en Inglaterra cuando al regresar un día del mes de marzo, después de una prolongada cacería, encontró Ricardo a su hermano Juan que lo esperaba impaciente.

Antes de que se apeara del caballo y en medio de la algarabía que producían los perros con sus ladridos, el príncipe se acercó al monarca, y con el rostro resplandeciente le dijo:

—Traigo buenas noticias.

Ricardo entregó el corcel y las armas a sus escuderos, y con paso rápido, seguido de su hermano, se dirigió al interior de la mansión, llegando poco después a la sala del trono. Sin perder tiempo el rey preguntó impaciente:

—¿Qué ocurre?

—Si quieres, ya tienes el dinero que necesitas para llevar a cabo tu empresa —contestó el príncipe.

—¿Qué quieres decir? ¡Explícate! —dijo el rey, intrigado.

—He sabido que el vizconde de Limoges ha encontrado en su castillo un bajo relieve de gran valor junto con un inmenso tesoro —repuso el príncipe.

—¿Es cierto eso?

—Tan seguro como que me llamo Juan.

Ricardo permaneció en silencio unos segundos, mientras su hermano lo miraba atentamente en espera de sus palabras.

—Ya sabes que el vizconde es vasallo mío, ¿no? —dijo el rey Ricardo con voz grave.

El príncipe Juan asintió con la cabeza sin responder palabra. La emoción le impedía hablar, sospechando lo que estaba pensando su hermano.

—Por lo tanto —siguió diciendo el rey— está obligado a darme la parte del tesoro que me corresponde. ¿No es así?

—Así debe ser —contestó Juan.

Pero entonces otro pensamiento debió de pasar por la mente del monarca porque de pronto preguntó:

—¿Y por qué no se ha presentado a dar cuenta de su hallazgo?

—Tal vez quería evitar que te enteraras para eludir el pago de la parte que te corresponde —replicó insidiosamente el príncipe.

Ricardo Corazón de León dio un fuerte puñetazo en la mesa ante la cual estaban sentados, y con autoritaria voz ordenó:

—Ahora mismo saldrás para el castillo de Chalux y le exigirás al vizconde el diez por ciento que me pertenece del tesoro que ha encontrado. ¿Entiendes?

—De acuerdo —contestó Juan.

Y en el momento que éste se disponía a partir le dijo Ricardo, suavizando el tono de su voz:

—Dile al vizconde de Limoges que como necesito dinero para la campaña que quiero emprender, vea la forma de prestar al trono la cantidad necesaria para ello. ¡Ah! Y adviértele que le daré cuantas garantías quiera y el interés que pida.

—No creo que sea difícil conseguir este préstamo en esas condiciones —comentó el príncipe sonriendo y disponiéndose a salir del salón.

—Confío en ti, Juan —dijo el rey al verlo marchar—. No tardes en regresar porque estaré impaciente hasta tu regreso.

Y Ricardo, frotándose las manos satisfecho, se asomó a uno de los ventanales para ver partir a su hermano que, en aquel momento, montado a caballo y seguido de un nutrido séquito de soldados, cruzaba el foso y se alejaba a galope tendido en dirección al castillo de Chalux.

Capítulo 11

La última batalla

Ricardo Corazón de León reunió a sus consejeros para comunicarles que emprenderían la guerra contra Francia. Y antes de que alguno le pusiera objeción, les dijo que los fondos los prestaría el vizconde de Limoges.

Por tal razón, salieron emisarios en todas direcciones para organizar levas de soldados que quisieran enrolarse en la campaña. En todas partes los hombres respondieron gustosos al llamado, ya que aparte de la paga que se les prometía, presentían que estando dirigidos por el rey Ricardo, la victoria sería segura y el botín rico.

Queriendo atraer a los que vivían al margen de la ley escondidos en los bosques, Ricardo llamó a Marcadeo, hábil ballestero que había sido jefe de una banda de rebeldes, y tan pronto estuvo ante él le dijo que perdonaba a todos aquellos que quisieran ir a la guerra, y le encargó que él los reclutara y los dirigiera.

Muy pronto por todo el reino se vio una actividad febril, encaminada a preparar todo lo necesario para la expedición. El país se puso en pie de guerra, y los soldados alegraban con sus cantos y risas las posadas y las tabernas.

Todos parecían haber olvidado su miseria y sus preocupaciones. Las mujeres ayudaban contentas a preparar los equipos de los que se disponían a marchar, y los artesanos trabajaban sin descanso para tener todo dispuesto en el momento de la partida del ejército.

*

Ricardo esperaba impaciente el regreso de su hermano, para conocer el resultado de su gestión con el vizconde de Limoges. Pero esta ansiedad se transformó en violenta indignación, cuando al llegar el príncipe Juan le dijo:

—El vizconde está dispuesto a darte la parte del tesoro que te corresponde, pero se niega a concederte el préstamo que pides.

—¿Por qué? —preguntó indignado Ricardo.

—Trató de dar una explicación —respondió el príncipe—, pero yo sospecho que no confía en ti, y además, me parece que debe estar aliado con el rey francés.

—Pero el vizconde de Limoges es vasallo mío —arguyó el rey sin acabar de entender aquella negativa.

—Eso no es obstáculo para que te traicione —repuso Juan—. Como ve que no puedes hacer nada sin su ayuda, aprovechará el momento para rebelarse contra ti, protegido por el rey Felipe.

Después de pensar unos momentos, el rey Ricardo decidió que debía ir personalmente a exigir el tesoro encontrado, por lo que llamó a Marcadeo y le ordenó que tuviera a sus hombres dispuestos para salir de inmediato.

Más tarde, en el patio de armas todo era bullicio y actividad, denotando claramente la partida del ejército.

Ricardo Corazón de León tenía gran interés en realizar la empresa que tanto tiempo llevaba acariciando, pues creía que era la única manera de salvar al país de la miseria. Y como no contaba con medios económicos para llevarla a cabo, el hallazgo del tesoro le pareció providencial.

A primeros de abril de 1199, Ricardo llegó con sus tropas cerca del castillo de Chalux, en el Limosin.

El vizconde de Limoges ya sabía de la llegada del monarca, y conocedor de sus intenciones, había tomado las medidas necesarias para hacer frente a cualquier ataque. El castillo contaba con buenas defensas y una numerosa guarnición ocupaba las almenas y torres de la fortaleza.

Muy pronto las tiendas de campaña quedaron plantadas, y las tropas inglesas mandadas por Ricardo se dispusieron a sostener un férreo asedio.

Antes de iniciar el asalto, el monarca inglés mandó al vizconde unos emisarios, conminándole a la rendición del castillo y a la entrega del tesoro que tenía.

Cuando regresaron los embajadores, le dijeron a Ricardo que el vizconde de Limoges aceptaba rendirse y entregar la parte del tesoro correspondiente, pero se negaba a dar todas las riquezas que poseía.

Entonces Ricardo ordenó a sus hombres que se prepararan para atacar el castillo.

Los arietes, catapultas y demás máquinas de guerra fueron colocadas en lugares estratégicos, y la soldadesca, compuesta en su mayor parte por mercenarios aventureros, se dispuso a iniciar el asalto de la fortaleza sitiada a la primera señal. Cuando Ricardo estaba a punto de dar la orden de ataque, unos mensajeros del vizconde, con bandera blanca, pidieron hablar con el monarca.

Éste los recibió en su tienda y con tono altivo les preguntó:

—¿Está dispuesto el vizconde a aceptar mis condiciones?

—La entrega de todo el tesoro no, pero si la mitad —contestaron los emisarios.

—Puesto que me he molestado en organizar esta expedición —replicó Ricardo—, ahora exijo la rendición sin condiciones. Díganselo así al vizconde y si no acepta, tomaré por asalto el castillo y no dejaré piedra sobre piedra.

Los mensajeros se retiraron y poco más tarde anunciaron, desde lo alto de las murallas, que el vizconde prefería morir luchando antes que rendirse. La guarnición del castillo estaba decidida a capitular antes que resistir a los ataques de Ricardo Corazón de León. Conocían de sobra la fama y el valor del monarca, y temían no salir bien librados de aquella aventura. Pero el vizconde, con una obstinación temeraria, los obligó a permanecer en sus puestos, amenazándolos con horrorosos castigos sin intentaban la deserción.

Aquella noche, mientras en el campamento había risas y canciones, en el castillo se afanaba la guarnición por reforzar los puntos más vulnerables, sabedora de que al día siguiente intentarían los sitiadores el asalto a la fortaleza.

Al amanecer, empezó en el campamento del rey Ricardo de Inglaterra una actividad febril e inusitada. Los soldados, empuñando sus ballestas, se iban agrupando junto a los lugares que de antemano les habían señalado. También los caballeros, armados con sus brillantes armaduras, aguardaban la orden del rey para empuñar las armas que sostenían sus escuderos a unos pasos de distancia.

La mañana era tibia y una suave brisa anunciaba un día esplendoroso. Junto a la tienda del rey se habían congregado varios de los señores de su séquito en espera de recibir sus órdenes. Y cuando los primeros rayos del sol aparecieron en el horizonte, como si sólo hubiese aguardado esta señal, salió Ricardo de su tienda armado de punta en blanco. Llevaba la cabeza descubierta y un paje le sostenía el casco, en el que lucía una pluma roja.

Los soldados prorrumpieron en vítores y aplausos, a los que el monarca correspondió con una sonrisa. Daba la impresión de que todos estaban preparados para asistir a una fiesta, en vez de ir a un asalto.

Ricardo dio a sus jefes las órdenes necesarias y luego, llamando a Marcadeo, le dijo que lo acompañara a hacer un reconocimiento de la fortaleza para ver dónde tenía los puntos débiles.

Momentos después un estrépito horroroso anunciaba el comienzo del ataque al castillo de Chalux. Las máquinas arrojaban enormes piedras por lo alto de las murallas, mientras los ballesteros disparaban verdaderas nubes de flechas. Todo esto en medio de un griterío infernal, producido por los gritos de los soldados y los alaridos y lamentos de los que caían mortalmente heridos.

En varias ocasiones los sitiadores intentaron asaltar con las escalas, los muros del castillo, pero sus defensores los repelieron valientemente arrojándoles piedras, agua hirviendo y miles de flechas.

Ricardo Corazón de León, seguido por Marcadeo, iba dando la vuelta a la fortaleza, observando atentamente el desarrollo del ataque mientras trataba de encontrar algún punto vulnerable por el cual lanzarse al asalto.

Los del castillo se defendían heroicamente, aunque se veía que cada vez era más débil su resistencia. Las máquinas debían haber causado muchas bajas porque en el interior de la fortaleza no se oían más que voces de desconcierto y los lamentos de los heridos.

Con una audacia sin límites, Ricardo, despreciando los consejos de Marcadeo, se aproximó a una de las murallas donde la resistencia parecía flaquear. Durante unos instantes permaneció inspeccionando aquellos lugares, y cuando ya había dado la vuelta para unirse a Marcadeo, y se disponía a darle alguna orden, una flecha, disparada desde los muros del castillo, lo hirió en la espalda, yéndose a clavar justamente por un intersticio de la armadura.

—¡Me han herido! —exclamó el rey, haciendo grandes esfuerzos para sostenerse encima del caballo.

—¡Auxilio! ¡Vengan a socorrer al rey! —gritó descompuesto Marcadeo.

De inmediato acudieron muchos caballeros y servidores, quienes con sumo cuidado trasladaron al herido monarca a su tienda de campaña.

El dolor que le producía la herida había hecho perder al rey el conocimiento. En el semblante de todos se retrataba el temor de que Ricardo hubiera muerto.

El monarca había sido colocado boca abajo en el lecho, y en su espalda se veía enhiesta la flecha, que nadie se atrevía a tocar hasta que no llegara el médico.

La triste noticia corrió inmediatamente por todas partes, y como si aquello les hubiera quitado también las fuerzas a ellos, los sitiadores cesaron en su ataque, quedando inmóviles y silenciosos. Mientras tanto, en el castillo, sus defensores vitoreaban al arquero que había conseguido herir al que hasta entonces parecía invulnerable.

—¡Viva Bertrán De Gourdon! —gritaban enardecidos.

Marcadeo alcanzó a escuchar estos vítores, y saliendo de la tienda del monarca, preguntó a uno de los soldados:

—¿Cómo dicen que se llama ese arquero que ha herido al rey?

—Bertrán De Gourdon —respondió el soldado.

Los ojos de Marcadeo brillaron siniestramente, y rechinando los dientes y apretando los puños para contener su furia, entró de nuevo en la tienda para ver cómo seguía el rey.

En aquel momento llegaba el médico, quien después de reconocer al herido, exclamó sonriendo:

—¡Bah, es una herida sin importancia! ¡Dentro de unos días el rey estará curado!

Y sin grandes precauciones ni miramientos, de un tirón arrancó la flecha, produciendo un gran desgarre en la herida, de la que brotó un abundante chorro de sangre.

En la tienda real se hizo un silencio impresionante, roto sólo por la fatigosa y anhelante respiración del monarca. En el rostro de todos los presentes se marcaba la más viva angustia, y solamente el médico seguía imperturbable tratando de detener la hemorragia, aplicando esponjosos paños a la herida.

Terminada su labor, el cirujano hizo salir a todos de la tienda al ver cómo Ricardo parecía haber quedado dormido después de la dolorosa operación. Momentos después, el médico salió para atender a otros heridos.

Cuando los soldados vieron tan tristes y abatidos a los caballeros, no tardó en cundir el desaliento entre ellos, cesando poco después en todos sus ataques contra el castillo de Chalux.

Todos los sitiadores manifestaban su pena por la desgracia ocurrida al rey Ricardo Corazón de León, y nadie parecía tener fuerzas para tomar una determinación en aquellos momentos. Los de la fortaleza, en cambio, exteriorizaban ruidosamente su alegría sin cesar de aplaudir y vitorear al arquero que tan certera puntería había tenido.

Sus gritos y voces llegaban claramente hasta la tienda real, rompiendo la quietud y el silencio que reinaba en torno a ella. A los caballeros les sonaba aquello como un insulto, y en sus rostros ceñudos y tristes se adivinaba la ira y la indignación que invadía sus almas.

En aquel momento se oyeron voces en el interior de la tienda real y al entrar presurosos los caballeros, encontraron a Ricardo delirando a causa de una fiebre muy alta.

Cuando regresó el cirujano, se pudo comprobar que su impericia o su falta de cuidado, había enconado de tal forma la herida que ésta presentaba síntomas peligrosos. Aquello sirvió para preocupar más a todos hasta el punto de hacerles proferir desgarradores lamentos y derramar abundantes lágrimas.

En ese instante se vio el gran afecto y la sincera admiración que todos sentían por el rey. Mientras tanto, el monarca se debatía en su lecho, estremecido por la abrasadora fiebre que lo consumía, y sin cesar de pronunciar palabras incoherentes.

Fue en aquel momento cuando Marcadeo, con los ojos enrojecidos por el llanto y con expresión de fiereza en su rostro, dijo a los caballeros que rodeaban al rey:

—Señores, hay que tomar el castillo sea como sea para dar un castigo ejemplar a esos miserables.

Y al ver que ninguno de los presentes le respondía, añadió agitando los puños amenazador:

—Yo me encargo de ello.

Y sin aguardar ninguna respuesta, Marcadeo salió de la tienda del rey sin que nadie hiciera el más mínimo comentario, ni la más leve señal para detenerlo.

Un poco más tarde, la enorme gritería y el ruido ensordecedor indicaban claramente que el asalto al castillo se había reanudado. Como si una fuerza desconocida se hubiera apoderado de los sitiadores, éstos luchaban con un coraje que hizo que muy pronto abrieran brecha en las sólidas murallas.

Y después de reiterados ataques, los soldados, como fieras enfurecidas, cayeron sobre los asustados defensores, y la fortaleza fue tomada a viva fuerza. La mortandad era espantosa, y todos los prisioneros fueron ahorcados aquel mismo día.

Al atardecer, un silencio de muerte reinaba en aquellos lugares. Los soldados, alrededor de las hogueras, permanecían silenciosos sin que demostraran la menor alegría por la victoria que acababan de conseguir.

En la tienda real la angustia era aún mayor. La gangrena se había manifestado y su avance lento y progresivo llenaba el rostro del monarca de sudores fríos y de una palidez mortal. De vez en cuando el cuerpo del rey Ricardo era sacudido por fuertes estremecimientos, y entonces sus grandes ojos azules, abiertos desmesuradamente, brillaban con luz extraña y calenturienta.

Cuando ya las primeras sombras de la noche se iban adueñando del campamento, Ricardo pareció tener unos instantes de lucidez y entonces pidió los auxilios de la religión.

Enseguida, un sacerdote atendió los deseos del monarca, y como si aquello le hubiera reconfortado, se mostró más tranquilo y hasta tuvo ganas de conversar con sus leales caballeros.

Marcadeo le informó de la toma del castillo y del castigo que había dado a sus defensores.

—¿Por qué hiciste eso? —le reprochó Ricardo.

Marcadeo, queriendo justificarse ante el rey, replicó:

—Señor, guardo vivo al arquero que lo hirió, para que usted le de el castigo que merece.

—Hazle venir —ordenó el monarca.

Sin hacerse repetir la orden, Marcadeo salió de la tienda y segundos más tarde regresaba acompañado de su prisionero. Ricardo miró unos instantes fijamente al arquero y con voz débil le preguntó:

—¿Cómo te llamas?

—Bertrán De Gourdon —respondió con serenidad el arquero.

—¿Y qué te he hecho yo para que me mates? —preguntó el monarca.

—¿Qué has hecho? —replicó Bertrán—. Has dado muerte a mi padre y a mis hermanos. Yo los he vengado y ahora sufriré contento los suplicios que me impongas.

Un rugido de indignación y de ira brotó de la garganta de todos los presentes. Algunos dieron un paso adelante con intención de abalanzarse sobre el arquero, que indiferente y tranquilo, permanecía junto al lecho del soberano. Pero un ademán del rey los contuvo, mientras decía:

—Para que veas que no te guardo ningún rencor, te perdono por haberme herido y desde este momento eres libre.

Dirigiéndose luego hacia el caballero De Vaux, allí presente, le ordenó:

—Dale de regalo cien chelines, amigo mío.

—Pero, señor... —intentó protestar éste.

—Cumple lo que ordeno —dijo Ricardo, haciendo un gran esfuerzo para incorporarse en el lecho.

Sir Thomas De Vaux entregó las monedas al arquero, mientras todos los presentes, silenciosos, pero con los puños cerrados y las miradas cargadas de odio y amenazas, contemplaban la inexplicable escena.

El rey, después del esfuerzo realizado, cayó pesadamente sobre el lecho y a una señal del médico salieron todos de la tienda real.

Marcadeo se fue acompañando al arquero Bertrán, que confuso y a la vez alegre, no se explicaba lo ocurrido. Y cuando se disponía a alejarse libremente del campamento, entre la indignación y el asombro de todos, Marcadeo, en un arrebato de furia, insensible al rasgo de magnanimidad del monarca y desobedeciendo sus órdenes, gritó a sus hombres:

—¡Deténganlo!

Los soldados no se hicieron repetir la orden y apresaron de nuevo al sorprendido Bertrán.

—¿Qué vamos a hacer con él? —preguntó uno de los soldados.

Marcadeo permaneció unos segundos silencioso mirando fijamente al detenido. Luego, con los ojos inyectados en sangre y con voz ronca cargada de odio, ordenó:

—¡Mátenlo enseguida!

La soldadesca arrastró al desgraciado arquero hasta un bosque cercano, y minutos más tarde cumplían la orden dada por Marcadeo.

Mientras tanto la herida del rey Ricardo se había agravado de tal manera que ya nadie dudó de que el rey moriría. De nada sirvieron cuantos medios se emplearon para atajar el mortal avance de la gangrena. Al amanecer del día siguente, cuando los primeros rayos del sol entraron en la tienda real, Ricardo Corazón de León, rey de Inglaterra, dejó de existir.

Era el día 6 de abril de 1199. Tenía 42 años de edad, y diez eran los que había ocupado el trono.

*

La muerte del rey Ricardo había sido algo tan inesperado que no había dado tiempo de avisar a las personas más allegadas. Sin embargo, la noticia cundió tan velozmente, que casi de inmediato había llegado a los lugares más apartados.

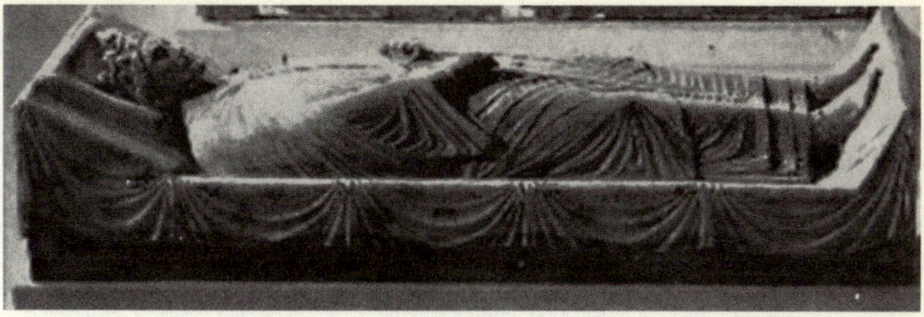

La tumba del rey Ricardo Corazón de León.

Todo el mundo lloró la muerte del gran rey, pues hasta sus propios enemigos admiraban sus brillantes y famosas hazañas, que nadie en aquellos tiempos logró igualar.

Los hombres que habían acudido con Ricardo hasta el castillo del vizconde de Limoges, recogieron el cadáver del monarca y en medio de un impresionante cortejo lo trasladaron hasta Fontevraud, enterrándolo a los pies de su padre Enrique II.

Cumplieron con el expreso deseo del rey Ricardo quien, al sentirse morir, lo ordenó así a sus caballeros.

El luto se hizo general en todo el reino de Inglaterra y el pueblo ensalzaba su memoria, y en voz baja comentaba sus legendarias hazañas, elevándolo a la categoría de héroe nacional. La muerte de Ricardo había venido a desbaratar todas las ilusiones y esperanzas, y al abatimiento y la pena vinieron a aumentar los horrores de la miseria que sufrían.

Sólo el rey Felipe Augusto de Francia salía beneficiado con esta desgracia, ya que gracias a ella se libraba del inminente peligro que le amenazaba. Ahora ya nadie pensaba en marchar contra el rey francés: ninguno se encontraba con fuerzas suficientes para llevar a cabo la ambiciosa empresa.

Todo esto contribuyó a destacar aún más la ingente figura del gran caudillo y valeroso caballero que fuera Ricardo, a quien sus vasallos dieron el sobrenombre de "Corazón de León", porque en efecto mostró en su conducta el valor y la audacia que se atribuye al rey de la selva.

Ricardo, que se había librado de tantísimos riesgos en los múltiples combates que había sostenido, vino a encontrar la muerte delante del castillo de Chalux de la forma más inesperada. El que había salido vencedor en casi todos los encuentros fue a morir a causa de una herida traicionera, que le dispararon cobardemente por la espalda cuando no estaba combatiendo.

En todas las Cortes de Europa causó una profunda impresión la muerte del gran rey inglés, y esta pérdida les hizo presentir días desgraciados para el reino de Inglaterra. Calculaban que, desaparecido Ricardo, no habría quien fuera capaz de hacer frente a las codicias y rebeliones de los nobles del país y de los monarcas vecinos.

Es verdad que Ricardo había cometido algunos errores en su vida, y su carácter impulsivo y dominante le habían granjeado la enemistad de varios de los que lo trataron, pero su generosidad sin límites y su valor sin igual, lo absolvieron de todas sus faltas y le proporcionaron una fama extraordinaria y singular.

Rodeado de ministros competentes y aptos, dio días de gloria a su reino, lo que le valió para que su pueblo lo adorara y lo considerara un ser legendario.

Por otra parte, su apostura y belleza varonil, junto a su fuerza extraordinaria y su audacia temeraria, contribuyeron a crear a su alrededor una aureola que se extendió por todas partes como un relámpago, haciendo de Ricardo Corazón de León una figura mítica y de epopeya.

Pero ahora, muerto ya el héroe popular, se presentaba un grave problema por no dejar Ricardo hijo alguno que pudiera sucederle en el trono de Inglaterra. Aunque es cierto que poco antes de morir había designado a su hermano Juan como heredero suyo, no todos los nobles estaban conformes con ello, por lo que cabía el peligro de que estallara una guerra civil.

*

Al terminar la ceremonia fúnebre, a la que habían asistido los familiares del difunto rey y toda la nobleza del reino, se dieron los gritos de rigor:

—¡El rey ha muerto! ¡Viva el rey!

Sin embargo, en el pensamiento de muchos nació la duda y se preguntaron: Pero, ¿qué rey?

Había dos aspirantes al trono, cuyos derechos defendían casi por igual los prelados y los nobles. Los dos habían sido nombrados herederos por el rey Ricardo, y ambos deseaban ceñirse la corona, ayudados por sus partidarios.

Estos eran Arturo de Bretaña y Juan Sin Tierra. El primero, sobrino, y el segundo, hermano del fallecido Ricardo Corazón de León.

Arturo había sido nombrado heredero del trono días antes de partir el monarca para Tierra Santa, pero luego fue excluido y en su lugar fue designado Juan.

No obstante, Arturo de Bretaña, que tenía en aquel entonces doce años, contaba con bastantes incondicionales, aunque también con peligrosos enemigos, siendo su abuela Leonor el peor de todos a causa de la antipatía que sentía por Constanza, madre del pequeño Arturo.

Tampoco al príncipe Juan le faltaban poderosos enemigos, que desde el primer momento se mostraron dispuestos a luchar con todas sus fuerzas para tratar de impedir que el hermano de Ricardo ocupara el trono de Inglaterra.

Con este fin se habían reunido, después de los funerales del rey Ricardo, varios prelados, nobles y caballeros del Temple y de San Juan en el castillo del señor de Malvoissin. Todos ellos eran decididos partidarios del joven duque de Bretaña, y buscaban la manera de que pudiera ceñirse la corona inglesa.

Un prelado opinó que no podían permitir que ocupara el trono quien tenía un carácter débil y cruel.

Sir Thomas De Vaux, que se hallaba también presente, dijo que no le perdonaba que por conseguir sus ambiciosos proyectos, renunciara a la Normandía en favor del rey de Francia.

*

Mientras así andaban las cosas, el príncipe Juan no perdía el tiempo, y con todos los medios a su alcance, obligando a unos y sobornando a otros, trataba de ser reconocido como rey en todos los lugares que dependían del reino de Inglaterra.

Ayudado por sus partidarios y haciendo gala de una increíble actividad, el príncipe Juan se apoderó al instante de las posesiones del continente, en donde fue reconocido sin ningún problema.

En cambio, los condados del Maine y de Anjou abrazaron abiertamente la causa del duque de Bretaña, y se resistieron tenazmente a las exigencias del príncipe Juan.

Fue entonces cuando Felipe Augusto de Francia, que algunos días antes había estado acobardado y temeroso de los ataques del rey Ricardo, considerando al príncipe Juan poco peligroso, tomó bajo su protección la causa del joven Arturo de Bretaña y anunció que se comprometía a protegerlo y a hacer que le restituyeran todo lo que era suyo.

A pesar de esta promesa el rey francés cambió de opinión más tarde y abandonó a su protegido para pasarse al lado de Juan Sin Tierra.

No pudieron hacer nada los enemigos del príncipe Juan y, al fin, éste logró vencerlos a todos. Poco después se coronaba en la abadía de Westminster como rey de Inglaterra.

Fue notable el discurso pronunciado en aquella ceremonia por el arzobispo de Canterbury, que estableció en principio el derecho de la nación para disponer de la corona según creyese conveniente, y en favor del príncipe cuyas sienes le parecieran más dignas de ceñirla.

Como el hermano de Ricardo se sentía ya seguro en el trono, no tuvo inconveniente en prometer que acataría las leyes de la nación.

Sin embargo, unos días más tarde, Juan sin Tierra, olvidando su promesa, publicó una ley en cuyo preámbulo decía:

"La corona me pertenece por derecho hereditario y por el voto del pueblo y del clero".

Y de esta manera terminó con el grave problema que había planteado la muerte de aquel insigne caudillo y heroico guerrero que se llamó Ricardo Corazón de León.

*

La reina Berenguela, tan pronto como terminaron los funerales de su esposo, dejó Inglaterra y se trasladó a la corte de su padre, el rey de Navarra. Y allí, enlutada y sumida en sus tristes recuerdos, pasó el resto de su vida.

La madre de Ricardo, doña Leonor, que ya en vida de su hijo le había instado constantemente a que nombrara heredero a su hermano Juan, no abandonó a éste hasta lograr verlo coronado rey de Inglaterra, aunque esta apasionada y decidida ayuda le ocasionó muchos disgustos y peligros.

Cuando se había retirado al castillo de Mirebeau, Arturo de Bretaña, que seguía con sus pretensiones al trono de Inglaterra, apoyado por Felipe de Francia, decidió sitiar la fortaleza donde se hallaba la madre del rey, contando con que estaría la plaza escasamente guarnecida y mal fortificada.

En poco tiempo lograron entrar los sitiadores en la fortaleza, rompiendo cuanto encontraron a su paso. Pero refugiada en una torre, la reina madre, y resuelta a defenderse antes que caer en manos de sus enemigos, consiguió hacer saber su comprometida situación al rey, su hijo Juan, quien sin pérdida de tiempo acudió a salvarla logrando capturar a los sitiadores, entre ellos al duque de Bretaña, a quien encerró en las mazmorras del castillo de Falaise.

En vano su tío, el rey Juan sin Tierra, trató de convencerlo para que desistiera de sus pretensiones al trono. Lejos de ceder, el joven duque de Bretaña llegó hasta el punto de exigir del rey que se le restituyera el ducado y la corona de Inglaterra.

El monarca, al ver semejante audacia, se molestó y lo hizo trasladar al castillo de Ruan, en donde más tarde murió asesinado.

Con la muerte de su rival, Juan sin Tierra quedaba por fin seguro en el trono de Inglaterra, que algunos meses antes había dejado vacante su hermano, el incomparable rey Ricardo Corazón de León.

TÍTULOS DE ESTA COLECCIÓN

Abraham Lincoln
Adolfo Hitler
Alejandro Graham Bell
Alejandro Magno
Beethoven
Benito Mussolini
Buda
Carlota
César Borgia
Charles Chaplin
Cleopatra
Conde Cagliostro
Confucio
Cristóbal Colón
Dante Alighieri
Diana de Gales
Ernest Hemingway
Ernesto Che Guevara
Evita Perón
Federico Nietzsche
Franz Kafka
Gandhi
Gengis Kan
Harry Houdini
Hermann Hesse
Hernán Cortés
Jesús
John F. Kennedy
Joseph Fouché
Juan XXIII
Juana la Loca
Julio César
Karl Marx
Leonardo Da Vinci
Lucrecia Borgia
Mahoma
Marco Polo
María Antonieta
María Tudor
Marilyn Monroe
Marqués de Sade
Miguel Ángel
Mozart
Napoleón
Nicolás Maquiavelo
Pitágoras
Rasputín
René Descartes
Ricardo Corazón de León
San Francisco de Asís
Sigmund Freud
Vincent Van Gogh
Vlad Tepes
William Shakespeare

Este libro se terminó de imprimir
en los talleres de Castillo
y Asociados Impresores,
Camelia 4, col. El Manto,
México, D.F.